京大3兄弟が家庭でやっていた！

遊んで見つける学びの革命

宝槻泰伸
まんが 小出真朱

小学館

はじめに——子育てに悩んでいるみなさんへ

宝槻泰伸

「子育て」が難しい時代です。

学校や先生だけには任せられないような気がするし、塾で知識だけ詰め込めばいいというものでもない。それに塾に通わせるにはお金が掛かります。習い事をさせたからといって、その子のためになるかどうかもわからない。少しでも「いい大学」に行かせたいと思うけれど、合格したからといって幸せな人生が待っている保証もない。何より、親が「子どもの夢」や「未来」を信じられないでいる。

目指しているところは、子どもが生まれてこのかた、どんなときでも「わが子の幸せ」だったはずなのに、その道筋がわからない。1＋1＝2というように数式には「正解」がありますが、子育てには正解がないのです。

では、どうしたらいいのでしょう。

そんな子育てに悩んでいるみなさんのために、本書を贈ります。

この本には、「子育ての正解」が書いてあるわけではありません。「いい大学に合格する必勝法」も載っていません。でもきっと、「あ、こんなやり方があるんだ！」「こんなふうに考えてもいいんだ！」と目の前が明るくなるはずです。

好奇心が「学びたい！」につながる

私はいま、リアルとオンラインで「探究学舎」という塾を主宰しています。

探究学舎は、勉強のやり方や問題の解き方を教えるといった、世間一般が思うような学習塾ではありません。でも日本中から（時折、海外からも）子どもたちが集まってきます。

探究学舎は、成績アップも合格も目指していません。宇宙、生命、元素、医療、数学、経済、歴史、芸術、ＩＴ……といったさまざまな分野の「驚き」や「感動」を通して、子どもたちの「もっと知りたい！」「やってみたい！」という興味や探究心、好奇心を育てることを目的にしています。

『世界一受けたい授業』（日本テレビ系）に何度か出演したので、もしかしたらご存じのかたがいるかもしれませんが、こんな授業を行っています。

ある授業のひとコマです。

Q．右手に風船、左手に金属製のお盆を持ち、肩と同じ高さから同時に落とすとどうなるでしょうか？

答えは、金属製のお盆が先に落ち、風船の方がゆっくりと後から落ちます。

ここまではわかりますよね。ではお次。

Q．金属製のお盆の上に風船を載せて、手を離したらどうなる？

1．お盆が先に落ちる。

2．同時に落ちる。

3．風船は上に上がる。

ん？　ちょっとわかりませんよね。

探究学舎の授業でこれを出題すると、各テーブルの子どもたちは、喧々《けんけん》囂々《ごうごう》の議論を始めます。興味が引きつけられ、頭がフル回転を始めるのです。答えが出揃ったところで、実際に実験してみます。

答えは「2．同時に落ちる」。

実際に、実験結果を目にした子どもたちからは、歓声が上がります。

どうしてこうなるのかを説明すると、「気流」が発生しているからです。お盆が落ちることによって、お盆の内側に空気の渦が発生します。その渦が風船を上から下に抑える気流になるため、風船とお盆が一緒に落ちていくのです。

気流とは……と授業で教えても、なかなか頭に入ってきません。しかしこうやって、「なぜこうなるの？」「やってみたい！」を刺激しながら進めていくと、小学校低学年の子であっても、「気流」の仕組みが実感として掴めます。中学生でも難しい理屈が、体験として入ってくるのです。

何より、好奇心のテンションは爆上がり。子どもたちの顔はイキイキとし始めます。するとどうなると思います？　子どもたちは、「もっと知りたい！」となって、自分なりの探究や学習を自発的に進めていきます。「もっと知りたい！」という好奇心が、学習のエンジンになっているのです。

宝槻家独自の家庭教育

お子さんがご家庭で宿題をしているところを、見たことがありますか？　イキイキとした表情で、一心不乱にやっているなら、安心してください。でもそんな瞬間は、少ないですよね？　すぐに飽きたり、「勉強なんてつまらない」と口にしてみたり。宿題をやらずに、スマホやゲーム、テレビや漫画に逃げ込んでいたり。

もしかしたら、みなさん自身が「勉強はつまらないものだ」と思っているのかもしれません。だから、子どもがつまらなそうに勉強をしていても、仕方がないことだと思ってしまっている。

でも、そんなことはありません。

勉強がつまらないのではなく、面白く勉強する方法を知らないだけです。勉強と好奇心が結びついていないのです。

探究学舎に来ている子どもたちを見ると、そのことを実感します。「面白い学びの方法」や「面白い教材」を手渡せば、子どもたちの表情は一変します。

そう、好奇心が育てば、自発的に学ぶ子になるのです。

〝子どもの好奇心を育む〟というこの方法、実は私のオリジナルではありません。私のとんでもないオヤジが考え、実践し、確かめた方法です。

いま振り返っても、彼の教育はあまりにも独自で、しかも自分本位で身勝手で、妻も子もぶんぶん振り回しましたが、そこには、オヤジなりの信念がありました。

それがこの4つです。

1. 子どもには何よりも、学ぶことを楽しんでもらいたい。
2. 無理矢理やらせるのではなく、自ら取り組ませたい。
3. 学ぶことで世界の広さを知り、自分なりの夢を見つけてほしい。
4. ついでに、京都大学に合格させたい。

4つめの狙いは、トホホな理由があるのですが、結果的に兄の私（ヤス・泰伸）も、次男のカズ（和政）も三男のマサ（昌則）も京大に合格してしまいました。

どんなオヤジか気になりますよね？

まずは、オヤジを含め、わが宝槻家の面々をご紹介します。

プロローグ 宝《ほう》槻《つき》家《け》の人《ひと》々《びと》

はじめまして
都内《とない》で主婦《しゅふ》をしております
宝槻《ほうつき》しおんと申《もう》します
会社社長《かいしやしやちよう》の夫《おっと》に
熱烈《ねつれつ》に望《のぞ》まれて結婚《けっこん》
3人《にん》の
かわいい息子《むすこ》に恵《めぐ》まれ
休日《きゆうじつ》の午後《ごご》にはゆったりとお茶《ちや》を楽《たの》しみ
夫婦《ふうふ》で子《こ》どもたちの学校生活《がつこうせいかつ》の話《はなし》に耳《みみ》を傾《かたむ》ける…
そんなおだやかな生活《せいかつ》を夢《ゆめ》見《み》ていたのですが――…

現実《げんじつ》。
しおん！ お客様《きゃくさま》だ
ば
ん!!
プロローグ
宝《ほう》槻《つき》家《け》の人《ひと》々《びと》
ハジメマシテー コンチワー
ぬっ
は…はじめまして!!
ビクッ!!
ニコッ
あ…あなたこちらどなた？
ヒソ
さっき道《みち》で出会《であ》った面白《おもしろ》い人《ひと》だ！
もてなし料理《りょうり》は鶏白湯鍋《とりパイタンなべ》をメインに5～6品《ぴん》な！
ところでさっきのモスク※の話《はなし》だけどさ
……
鶏白湯鍋《とりパイタンなべ》…ちゃんと作《つく》ったら3日《みっか》かかる料理《りょうり》なんですが…!?
※イスラム教《きょう》の礼拝堂《れいはいどう》。

※アラビア語《ご》で「学院《がくいん》」。

ドサ
ドサ
はい！お母《かあ》さん これ オヤジに頼《たの》まれた 料理《りょうり》の材料《ざいりょう》!!
オヤジって やっぱ すごいよね！
あの人《ひと》 ※マドラサの教師《きょうし》なんだって！
ワクワク
長男《ちょうなん》・ヤス 17才《さい》 現在《げんざい》ニート。
その食材を 全部料理 しろと…？
オヤジ♡ おれも入《い》れて 話《はなし》聞《き》かせて くれよ〜〜♡
たっ
た
素直《すなお》で利発《りはつ》な 長男《ちょうなん》は
夫《おっと》の家庭教育《かていきょういく》を 全面的《ぜんめんてき》に信頼《しんらい》し
進学校《しんがくこう》を中退《ちゅうたい》しました
圧力鍋
オイ！下《した》の2人《ふたり》は どーした？ お客人《きゃくじん》に あいさつ させろ！
「客人《きゃくじん》が来《く》るから 3分後《ぷんご》までに 買《か》い物《もの》して来《こ》い」 なんて言《い》われて 従《したが》うのは長男《ちょうなん》 だけよ!!
連《つ》れて参《まい》ります！
聞《き》こえたよ お母《かあ》さん…

また急《きゅう》に
おもてなし要求《ようきゅう》
されてるの？
オヤジって ほんと
メチャクチャで
横暴《おうぼう》だよな…
次男《じなん》・カズ 16才《さい》
ニコッ
お父《とう》さんを
そんなふうに
言《い》わないで…
……
おれは知《し》ってる
からね
お母《かあ》さんがホントは
大変《たいへん》だってこと…
スッ
だから
あいさつだけは
する――
カズくん!!
はじめまして
次男《じなん》です
勉強中《べんきょうちゅう》なので
失礼《しつれい》します！
勉強《べんきょう》？
なんの勉強《べんきょう》
だよ！
今《いま》しか
聞《き》けない
話《はなし》のほうが
有益《ゆうえき》だぞ！
次男《じなん》は
夫《おっと》と長男《ちょうなん》に
巻《ま》きこまれ
高校入学《こうこうにゅうがく》を
あきらめ
ました
現在《げんざい》ニートです
お鍋《なべ》
できたのよ？
カズくんも
一緒《いっしょ》に
頂《いただ》きましょう
よ？
ね？
おれはいい！
Oh《オー》！ ナベー
しおん！
早《はや》く
取《と》り分《わ》けて
さしあげろ！
イラ

ボッ
一緒《いっしょ》に食《た》べたくないから！
お母《かあ》さん後《あと》で部屋《へや》に納豆巻《なっとうま》き持《も》ってきて！
ズン
ズン
カズくん〜!!
酢飯《すめし》作《づく》りの面倒《めんどう》くささを
納豆巻《なっとうま》き…
パタパタパタ
まぜ まぜ まぜまぜ…
男《おとこ》の子《こ》は全然《ぜんぜん》わかってない
お母《かあ》さん！オヤジがお客様《きゃくさま》に和菓子《わがし》も出《だ》せって！
くらぁ…
まま待《ま》って!!
マサに買《か》ってきてもらえば？
三男
学校《がっこう》の帰《かえ》りに
来ないってことは学校行ってんだろ？
は!!
三男《さんなん》!! そういえば――
ハイ。カズくん
ありがと
ゆうべ夜食《やしょく》を持《も》っていって――
三男
コンコン
それっきり今朝《けさ》も顔《かお》見《み》てない!!
まさか――!!
マーくん！

熱中《ねっちゅう》。
ゆうべの夜食《やしょく》
やっぱり——!!
マーくん!
マーくん!
マーくーーん!!
マーくん!
ユサ
ユサ
マーくん! ちょっとー!!
何《なに》? お母《かあ》さん
やっと…!!
ゆうべから何《なに》も食《た》べてないでしょ?
もう夕方《ゆうがた》なのよ?
おれ すごいんだよ お母《かあ》さん!
※CG《シージー》動画《どうが》が9秒分《びょうぶん》もできたんだ!!
そんなことより お母《かあ》さんは 会話《かいわ》がしたいです——!!

※コンピュータ・グラフィックス。

すごいわね！
とにかく何《なに》か食《た》べて眠《ねむ》りなさい！
それいつの？
脳《のう》使《つか》ったから甘《あま》いもの食《た》べたいよ！
サッ
三男《さんなん》・マサ 13才《さい》・天才肌《てんさいはだ》
中学生《ちゅうがくせい》なのに
مرحبا
اسمي Masa
（ようこそ ぼくはマサです）
あ！ズルい！調べて来たな！
アラビア語《ご》
——こんな状態《じょうたい》!!
結局《けっきょく》私《わたし》は
今《いま》和菓子《わがし》を作《つく》る運命《うんめい》だったのです——
くるくる
ねりねり
ああ！非常識《ひじょうしき》と変人《へんじん》だらけカオスなわが家《や》…
一体《いったい》この先《さき》どうなってしまうのでしょう——!?
それがですね読者《どくしゃ》のみなさま
この3兄弟《きょうだい》がのちに——

それというのもすべては――

子どもたちにもたらしたもの

まさか「京大3兄弟」というオヤジギャグを言いたいためだったとは……。実の息子でも呆れるエピソードですが、本当のところは、学問を探究する場所としての京都大学に、オヤジ自身、密かに信頼を寄せていたようです。

ただ、勘違いしてほしくないのは、「京都大学に合格させる（合格する）」ことが、ゴールではなかった、ということです。オヤジにとっては、あくまでオマケ。京大合格がゴールなのではなく、その先の「人生」をオヤジは見据えていました。

オヤジの施した家庭教育が、好奇心や探究心、自発心を呼び覚まし、それが「京大3兄弟」という結果につながったとはいえるでしょう。ただし、一流大学への入学が、「わが子の幸せ」とは必ずしも結びつかないことは、読者のみなさんもおわかりだと思います。大学卒業後の方が、人生、長いですからね。

どんなオヤジだったのか、弟たちにも聞いてみましょう。

「オヤジの特徴をひとつ取り出すとしたら、強烈な〝巻き込み力〟です。遊びでも、学びでも、グイグイ巻き込んでいった。ボクらが振り回されたといえるかもしれませんが（笑）。

例えば面白い本を見つけたとしますよね？　オヤジはそれを4、5冊買ってくる。兄弟に読ませるだけでなく、〝面白いから読め！〟と近所の子どもやボクらの友だちにも配る。さらには自分の友人にまで配っていました。いいと思ったものをまわりの人にも知ってほしい、共有したいと思っていたのだと思います」（次男・カズ）

オヤジは、いいと思うことは周囲を巻き込んでもやる。世間の常識にとらわれない人間です。〝父親はこうあるべきだ〟という概念もなかったのでしょう。

「自分の子どもをもって気づきましたが、子育てにはある種の〝強迫観念〟があります。子どもの能力を伸ばしてあげるのは、親の責任なんじゃないかと思ってしまう。でもそういうことじゃないんですよね。オヤジが一貫してボクらにしてきたことは、〝能力の開発〟じゃなくて〝感動の共有〟〝体験の共有〟です。漫画にキャンプ、麻雀《マージャン》に映画鑑賞と、一緒にあれこれ楽しんできました。オヤジからは、世界の楽しみ方、世界の見方を教わったように思います」（三男・マサ）

一緒にテレビを観たり同じ本を読んだり、空を見あげてもいい。感動や体験の共有とは、一緒に世界を楽しみ、世界を見るということ。子育ては、お金をかけなくてもできるのです。オヤジの考える「世界の見方」とは、言い換えれば「自分の頭で考える」ということです。

「オヤジに言わせれば〝先生が言っているからといって正解じゃない〟。世間の常識とか、学校のルールとか、そういう先入観を排除して自分で考える。そうやっていくうちに、〝人と違

うこと〟〝変わっていること〟を恐れなくなりました」（三男・マサ）

子どもをイキイキとさせる秘けつ

次男のカズも三男のマサも、いま、それぞれ自分の道を力強く進んでいます。かつ、人生を謳歌《おうか》しています。これも、学ぶ楽しさや、自分で考える楽しさを、オヤジから徹底的に叩き込まれたからなのでしょう。

ここから漫画で紹介するのは、私たち3兄弟が京大に合格するまでの「宝槻家の日々」です。オヤジの教育の一端をご覧に入れましょう。

とんでもないオヤジですので、くれぐれもそのまま真似をしないようにしてください。「高校に行かなくていい！　でも京大に行け！」なんていうのは、わが家のオヤジぐらいでしょうから。ですが、きっとここには、子育てのヒントがたくさん詰まっているはずです。子どもをイキイキとさせる秘けつがあります。何より、「こんなやり方でもいいんだ」と、心が楽になるのではないでしょうか。

では、宝槻家のオヤジ劇場の開幕です。

目次

第2章 「つくる喜び」が引き出す好奇心

本書は２０１６年に刊行した『「京大３兄弟」ホーッキ家の「掟破りの教育論」とんでもオヤジの「学び革命」』（マンガ／小出真朱　原案協力／宝槻泰伸）を改編し、書き下ろしを加えました。

第1章

「学ぶ意欲」の育て方

宝槻家のオヤジのとんでもない家庭教育法とは？　漫画も麻雀もブラックジャックも映画も投入して、「子どもの好奇心」や「興味・関心」を引き出した、宝槻家独自のやり方を紹介します。

夫《おっと》の家庭教育《かていきょういく》だけで
3兄弟全員《きょうだいぜんいん》京大合格《きょうだいごうかく》!!
がはは はは
…というと『もともと特別《とくべつ》頭《あたま》のいい子《こ》どもたちだった』
——と思《おも》われそうですが——
グラ グラ
日本の歴史 カラー図鑑
のちの京大《きょうだい》3兄弟《きょうだい》も
本《ほん》の城《しろ》!
長男《ちょうなん》・ヤス（小《しょう》3）
次男《じなん》・カズ（小《しょう》2）
日本の歴史 カラー図鑑
三男《さんなん》・マサ（5才《さい》）
お父さんの買ってくれた本を粗末にして
最初《さいしょ》はこの状態《じょうたい》でした
母《はは》・しおん
そして夫《おっと》の教育熱《きょういくねつ》に火《ひ》がついたのです…
お前《まえ》ら!本屋《ほんや》行《い》くぞ!!
ガッハッハ
大丈夫だしおん!おれにまかせろ
ヒント1
エサで釣《つ》って「学《まな》びのきっかけ」を与《あた》える

書店
児童書
熟《じゅく》読《どく》。
書店《しょてん》で
2時間経過《じかんけいか》
おなか すいたー！
ゴツン！！
騒《さわ》ぐな！
わーん
もう帰《かえ》ろう！
ドン！！
うるせえ！
お前《まえ》らのために選《えら》んでるんだぞ
ボソ…
自分《じぶん》が楽《たの》しいだけじゃん…
でも…
すげー楽《たの》しそうに読《よ》んでる…
どーせ買《か》うからわかるよ！
なんの本《ほん》？

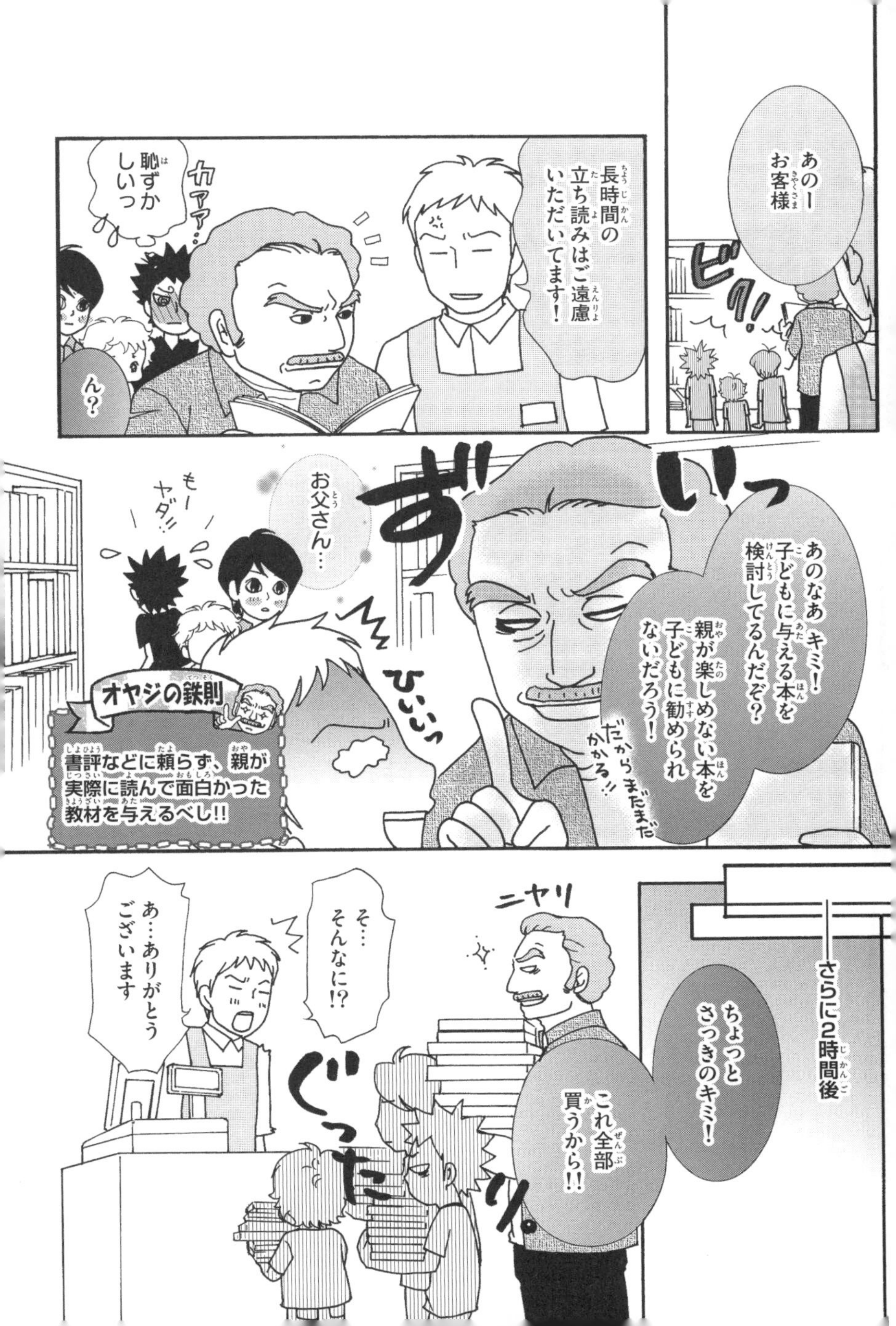
あのー
お客様《きゃくさま》
ビクッ!!
長時間《ちょうじかん》の
立《た》ち読《よ》みはご遠慮《えんりょ》
いただいてます!
カァァ…
恥《は》ずか
しいっ
ん?
ずいっ
あのなあ キミ!
子《こ》どもに与《あた》える本《ほん》を
検討《けんとう》してるんだぞ?
親《おや》が楽《たの》しめない本《ほん》を
子《こ》どもに勧《すす》められ
ないだろう!
だからまだまだ
かかる!!
ひぃいっ
お父《とう》さん…
もー
ヤダ!!
オヤジの鉄則《てっそく》
書評《しょひょう》などに頼《たよ》らず、親《おや》が
実際《じっさい》に読《よ》んで面白《おもしろ》かった
教材《きょうざい》を与《あた》えるべし!!
さらに2時間後《じかんご》
ちょっと
さっきのキミ!
これ全部《ぜんぶ》
買《か》うから!!
ニヤリ
ぐったり
そ…
そんなに!?
あ…ありがとう
ございます

宝槻家《ほうつきけ》
がつがつがつ…
落《お》ち着《つ》いて食《た》べなさいみんな!!
でもまあ…
この時間《じかん》まで食《た》べてなかったんじゃ
チラッ…
無理《むり》もないけど…
ガハハ
おかげで面白《おもしろ》い本《ほん》をたくさん買《か》えた!!
特《とく》にマンガ!!
いまどきは知識を盛りこんだマンガが豊富だ!!
内容《ないよう》は勉強《べんきょう》でもマンガなら子《こ》どもたちもとびつくだろ!!
そう…
それでまた何十冊も…
――しかし!!
オヤジの心《こころ》子知《こし》らず!!
いくぞ!!
ハナクソ攻撃《こうげき》!!
アハハ
アハハ
まったく手《て》をつけない!! バカ番組《ばんぐみ》に全員夢中《ぜんいんむちゅう》――!?
あんなに散財《さんざい》して全部《ぜんぶ》ムダ!?

今週《こんしゅう》の怪人《かいじん》すげー！強《つよ》い!!

ほほう…

この怪人《かいじん》のモデルはステゴサウルスだな!!

ステ…何《なに》？それ
今《いま》だ!!

サッ!!

恐竜図鑑
1億年《おくねん》以上前《いじょうまえ》に本当《ほんとう》にいた恐竜《きょうりゅう》なんだぞ！

怪人《かいじん》と同《おな》じ背中《せなか》のギザギザがある!!

『背中《せなか》のギザギザ…昔《むかし》はこれが武器《ぶき》や防具《ぼうぐ》の役割《やくわり》と考《かんが》えられていたが
研究《けんきゅう》が進《すす》むにつれて薄《うす》くてそれほど硬《かた》くなく細《こま》かな血管《けっかん》が通《とお》っていたことがわかったよ!!

「体温調節《たいおんちょうせつ》」の役目《やくめ》をしていたようだ!!』

へーー…面白《おもしろ》い！

フフフ…千載一遇《せんざいいちぐう》の好機《こうき》だったな!!

!?

オヤジの鉄則《てつそく》
日常《にちじょう》の中《なか》で学習《がくしゅう》の『提供《ていきょう》タイミング』を逃《のが》すな!!

センザイグーノ…
?
ピョコッ
何《なに》?おまじない?
ば
ん!
今《いま》だ!!
まんが四字熟語
まじないじゃない!
「四字熟語《よじじゅくご》」という
頭《あたま》のいい大人《おとな》が使《つか》う超《ちょう》カッコいい決《き》まり言葉《ことば》だ!!
超カッコイイ!?
この本《ほん》はいろいろな四字熟語《よじじゅくご》を…
絵《え》を使《つか》って教《おし》えてくれてる!!
4コママンガで1つずつなら…
幼児《ようじ》でも興味《きょうみ》を持《も》てる!!
オヤジの鉄則《てっそく》
発達段階《はったつだんかい》に合《あ》った教材《きょうざい》を選《えら》ぶべし!!
アニキたちより先《さき》に覚《おぼ》えたら…
お前《まえ》はかなりすげーな…
コソッ
アニキたちより…
かなりすげー!?
超負《ちょうま》けずギライ
ニヤリ。
オヤジの鉄則《てっそく》
子《こ》どもの性格《せいかく》に合《あ》ったプレゼン法《ほう》でオトセ!!
ブツブツブツ…
はー!面白《おもしろ》かった!!
プツ…

はっ!!
2人《ふたり》とも一緒《いっしょ》にテレビ見《み》てたはず…
ブツブツ
ずいっ
どうだ!
おれの買《か》った本《ほん》はちゃんと読《よ》めばすげー面白《おもしろ》いんだ! お前《まえ》も読《よ》め!!
興味《きょうみ》ない!
パラパラ
ポイ!
むうう
ええい! 最終手段《さいしゅうしゅだん》だ!!
おれの勧《すす》める本《ほん》を読《よ》んだら…
こづかいをやる!!
1ページ1円だ!!
こ…こづかい——!!
もっと読《よ》むー!
おれも読《よ》む——!!
あなた!!
オヤジの鉄則《てっそく》
最悪《さいあく》の場合《ばあい》エサで釣《つ》れ!!

こんなやり方《かた》 私《わたし》は…
違《ちが》う！
きりっ
学《まな》びのきっかけは 是《ぜ》が非《ひ》でも 与《あた》えるべきだ!!
探究心《たんきゅうしん》を 芽吹《めぶ》かせれば 子《こ》どもはおのずと 「学《まな》び」を 追究《ついきゅう》する!!
それが子《こ》どもにとって 一生《いっしょう》の財産《ざいさん》になる!!
ゆずらん!!
夫《おっと》は 女手一《おんなでひと》つの 家庭《かてい》に育《そだ》ち 苦労《くろう》して 勉強《べんきょう》したと 聞《き》いて います
そうか… これがこの人《ひと》の
愛《あい》!?
ズルできない…!!
え!? 私!?
金《かね》をやるのは 本《ほん》の感想《かんそう》を まとめて お母《かあ》さんに ハンコもらった ヤツだけな!!
オヤジの鉄則《てっそく》
感想《かんそう》を話《はな》させることで 本《ほん》の内容《ないよう》を体得《たいとく》させろ！
こうして 父《ちち》が留守《るす》がちの 宝槻家《ほうつきけ》では 大量《たいりょう》のマンガを 家庭教師《かていきょうし》に迎《むか》え 3兄弟《きょうだい》の地頭《じあたま》を 大《おお》いに鍛《きた》えたのです

↖ヒント2へGO!

おれの勧《すす》めた本《ほん》を読《よ》んだら1ページ1円《えん》やる!!
最終兵器《さいしゅうへいき》「お金《かね》」で3兄弟《きょうだい》を「学《まな》び」へといざなった夫《おっと》ですが
読《よ》んだ証拠《しょうこ》に私《わたし》への感想《かんそう》提出《ていしゅつ》が必要《ひつよう》!!
ということで
いいのかしら…
宝槻家《ほうつきけ》の母《はは》 しおん
今週《こんしゅう》の感想《かんそう》話《はな》すね!
ペラペラペラペラ
三男《さんなん》・マサ 5才《さい》 2冊《さつ》 510円《えん》
ポン!
簡単《かんたん》だけど…感想《かんそう》書《か》いてきた
次男《じなん》・カズ 小《しょう》2 2冊《さつ》 303円《えん》
あらちゃんと考えてる!!
『お〜い!竜馬《りょうま》』全《ぜん》23巻《かん》!!
おもしろかった〜!!
長男《ちょうなん》・ヤス 小《しょう》3 長編歴史《ちょうへんれきし》マンガ読破《どくは》!! 5002円《えん》!!
子《こ》どもには大金《たいきん》すぎる!
まずはとにかく読《よ》め!!
がッハッハ
ヒント2
ゲームを取《と》り入《い》れて数学脳《すうがくのう》を鍛《きた》える

読書おこづかいグラフ
(4000)
(3000)
(2000)
(1000)
マサ
カズ
ヤス
見《み》てよ あなた!
3人《にん》とも もう3千円《ぜんえん》超《こ》えてるのよ!?
小学生《しょうがくせい》と幼稚園児《ようちえんじ》に与《あた》える金額《きんがく》!?
がはは
効果絶大《こうかぜつだい》!!
ヤッちゃんなんて あのマンガ読《よ》むために 学校《がっこう》2日《ふつか》も休《やす》んじゃったのよ!?
そりゃすげーな!!
…仕事《しごと》 仕事《しごと》で 普段《ふだん》の子《こ》どもたちを見《み》てないくせに!!
私《わたし》が毎日《まいにち》どれだけ心配《しんぱい》か あなたは…
大丈夫《だいじょうぶ》だ! 対策《たいさく》なら考《かんが》えた!
まかせろ
え・何する気なの…
ドッキドッキ
3兄弟《きょうだい》全員集合《ぜんいんしゅうごう》!
番号《ばんごう》!!
1!
2!
3!
たっ
た
た

お前《まえ》ら
ドキドキ…
よく本《ほん》を読《よ》んだな
『光陰《こういん》矢《や》の如《ごと》し』だからね!!
よっ
ことわざの達人《たつじん》!!
カズの算数《さんすう》マンガの感想文《かんそうぶん》…面白《おもしろ》かったぞ
ホント!? どこが!?
いつも反発《はんぱつ》するカズくんが…
オヤジの鉄則《てっそく》
本《ほん》の感想《かんそう》で子《こ》どもとコミュニケーションすべし!!
ヤスは学校休《がっこうやす》んでまで長編《ちょうへん》マンガ読《よ》んだって?
あ うん
ごめんなさい…
そこまで集中《しゅうちゅう》する力《ちから》があるってことだ!
すげーな お前《まえ》!!
え!?
ごほうびとして今日《きょう》は思《おも》いきり遊《あそ》ぶぞーー!!

みんなでトランプ大会《たいかい》だ!!
わーい!?
トランプ?
…まさか…
もっと面白《おもしろ》いゲームがあるぞ!!
ぼくシンケースイジャク強《つよ》いよ!
おれババ抜《ぬ》きがいー!
何《なに》なに!?教《おし》えて
オトナのトランプゲーム「ブラックジャック」を教《おし》えてやる!!
「オトナ」「ブラック」なんかカッコいい!
ルールは…

手札《てふだ》配《くば》るぞー
あなた!

「ブラックジャック」はこんなゲームだ!!

ディーラーとプレイヤーに分《わ》かれて、1対《たい》1で行《おこな》う対戦《たいせん》ゲーム

ディーラーのカードは2枚《まい》のうち1枚《まい》は表向《おもてむ》きで配《くば》られ、プレイヤーは見《み》ることができる

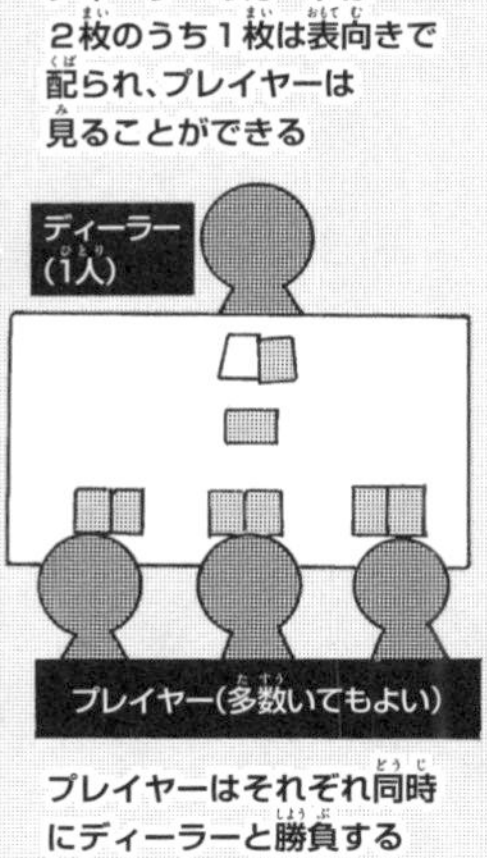
ディーラー(1人《ひとり》)
プレイヤー(多数《たすう》いてもよい)

プレイヤーはそれぞれ同時《どうじ》にディーラーと勝負《しょうぶ》する

各自《かくじ》2枚《まい》のカードが配《くば》られ、その後《ご》はそれぞれカードの合計点数《ごうけいてんすう》が21を超《こ》えないようにカードを引《ひ》いていく。プレイヤーがディーラーより高《たか》い点数《てんすう》を出《だ》せば勝《か》ち。…というカジノの人気《にんき》ゲーム。

つまり、ギャンブルの定番《ていばん》!!

カジノのギャンブルゲームじゃないの！
だからこそ「使《つか》える」んだ
カードギャンブルの勝負《しょうぶ》は「運《うん》」だけでは決《き》まらない
ルールを数学的見地《すうがくてきけんち》から熟慮《じゅくりょ》することで勝率《しょうりつ》が上《あ》がる!!
つまり…
数学的思考《すうがくてきしこう》を育《そだ》てる格好《かっこう》の教材《きょうざい》！
オヤジの鉄則《てつそく》
カードゲームで数学脳《すうがくのう》を育《そだ》てろ!!
さ！はじめるぞ〜〜〜！
勝《か》つのは誰《だれ》だー？
ストッ
ぼく！
おれー
まさかお金《かね》賭《か》けないわよね…？
まさか！
1回目勝負《かいめしょうぶ》
ぼく勝《か》った！
勝《か》ったー！
おれ負《ま》けた
ディーラーの手札《てふだ》について考《かんが》えたか？
!?
そっ…

ディーラーの手札《てふだ》…
これはディーラーだけに勝《か》てばいいゲーム…
そうか!!
※ディーラーはルール上《じょう》、自分《じぶん》の手札《てふだ》が17以上《いじょう》になるまでカードを引《ひ》かなければならない。
※ディーラーは17～21でしか勝《か》てないんだ!!
キリッ
オヤジの鉄則《てっそく》
きっかけだけ与《あた》え子《こ》ども自身《じしん》に考《かんが》えさせろ!!
またヤッちゃん勝《か》ち――!?
運《うん》がいいよね!
すげーツイてる!
ヤッちゃんは数学的《すうがくてき》な法則《ほうそく》に気《き》がついてるのね…
なるほど
フッ
運《うん》じゃねーし!
いいぞ!
くやしい!
勝《か》ちたい!
勝《か》ちたい!!
ブルブル…
5J2 4
A73 8
オヤジの鉄則《てっそく》
子《こ》どもの対抗心《たいこうしん》に火《ひ》がつくよう教《おし》え順《じゅん》を工夫《くふう》しろ!!
勝《か》った――!
5連勝《れんしょう》~~~!!
…
おれやーめた!
本《ほん》読《よ》んでこづかい稼《かせ》ぎしたほうが楽《たの》しいや!
ガタッ

がしっ
やめてもいいが…
くるっ
この先《さき》は金《かね》を賭《か》けるか!?
勝《か》ち方《かた》がわかればこづかいが増《ふ》えるなァ〜
やったあ♡
やっぱやる!
ちゃんと考える!
結局《けっきょく》それ〜!?
オヤジの鉄則《てっそく》
最悪《さいあく》の場合《ばあい》はやっぱり エサで釣《つ》れ!!
ブラックジャックの次《つぎ》はポーカー
その次《つぎ》はナポレオン…
夫《おっと》はだんだんと複雑《ふくざつ》なゲームをとり入《い》れ…
オヤジの鉄則
材料《ざいりょう》のレベルアップは適切《てきせつ》な段階《だんかい》を踏《ふ》むべし!!
最初《さいしょ》は「3つ同《おな》じ牌《ぱい》をそろえたら上《あ》がり」でやるか!
あなた!!
ついには麻雀《マージャン》まで!!
ガーン!!
ジャラジャラ
オヤジの鉄則《てっそく》
難解《なんかい》なゲームは簡単《かんたん》なルールで入門《にゅうもん》させるべし!
ゲームはともかく
お金《かね》賭《か》けるのはもう…
おこづかいさらに増えまくりじゃない!
フッ…

大丈夫《だいじょうぶ》だ！ここから負《ま》かしてこづかい巻《ま》き上《あ》げるから!!
イカサマ〜〜〜〜!?
あんなに増《ふ》えてたのに…
全員《ぜんいん》マイナス!!
さあ払《はら》え！
なな ないです！どうしたら……
家事《かじ》こづかい表《ひょう》
・皿洗《さらあら》い——100円《えん》
・掃除機《そうじき》かけ——50円《えん》
・ゴミ捨《す》て——30円《えん》
・犬《いぬ》の散歩《さんぽ》
※その他《ほか》自分《じぶん》たちでできる手伝《てつだ》いを考《かんが》えろ!!
読書《どくしょ》のほかに家事《かじ》でもこづかいをやる！稼《かせ》いで金払《かねはら》え!!
多少《たしょう》はラクになりましたが…
こ…これでいいのでしょうか!?
お茶!!

↖ヒント3へGO!

ギャンブルを使《つか》って頭脳《ずのう》を鍛《きた》えつつ3兄弟《きょうだい》に家庭内借金《かていないしゃっきん》を負《お》わせた夫《おっと》でしたが…
全員マイナス…
・ゴミ捨て
・犬《いぬ》の散歩《さんぽ》
※その他《ほか》
できる手伝い
考《かんが》えろ!!
読書《どくしょ》と家事《かじ》の手伝《てつだ》いで返《かえ》せ!!
「読書《どくしょ》」はともかく「家事手伝《かじてつだ》い」もおこづかいの対象《たいしょう》となったのは——
仕事《しごと》 仕事《しごと》で普段《ふだん》 子《こ》どもたちを見《み》てないくせに——!!
宝槻家《ほうつきけ》の母《はは》 しおん
私《わたし》のこの発言《はつげん》が意外《いがい》に夫《おっと》に影響《えいきょう》したのでしょうか——?
——え?
あなた 今《いま》 なんて——?
おれの会社《かいしゃ》売《う》ったから
しばらく無職《むしょく》でいく!
え————!?
ヒント3
人間《にんげん》ドラマで教養《きょうよう》を磨《みが》く

オヤジ…
ピッ
なんで家《うち》にいるの？
仕事《しごと》辞《や》めたからな！
次男《じなん》・カズ 小《しょう》5
ふーん
何して遊ぼかな～
大人《おとな》って仕事《しごと》しないといけないんじゃねーの!?
三男《さんなん》・マサ 小《しょう》2
生活《せいかつ》に必要《ひつよう》な金《かね》があるうちは大丈夫《だいじょうぶ》だ
まあ金《かね》の使《つか》い方《かた》の工夫次第《くふうしだい》だ
ああ…貯金《ちょきん》でやりくり生活《せいかつ》！
オヤジはすごい仕事《しごと》がんばってきたもん！
少しくらいおれたちと遊んでても大丈夫だよね！
ヤス～わかってるな！
おい！しおんビール!!
はは い
長男《ちょうなん》・ヤス 小《しょう》6
うちの人《ひと》のことだものきっと何《なに》か
あなた何《なに》か新《あたら》しくやりたい仕事《しごと》でも？

特《とく》にない！
3兄弟《きょうだい》全員集合《ぜんいんしゅうごう》！
番号《ばんごう》！
1！
2！
3！
武田
信玄
録画《ろくが》したまま見《み》る時間《じかん》もなかったからな
1話《わ》から見《み》るぞ！
時代劇《じだいげき》か…
アニメ見《み》たい
なんか暗《くら》くてつまんなそう！
え!?
マサも普通《ふつう》の子《こ》どもだったか…
お前なら理解できると思ったが
はぁ…
ハハ！よく見《み》ると面白《おもしろ》そうだよ！
あのマーク何《なに》？
お！いいとこに興味持《きょうみも》つな！
家紋《かもん》といって「その家《いえ》のマーク」なんだ
普通《ふつう》に名前《なまえ》書《か》くよりカッコいい！
さすがマサ！わかってるなあ！
オヤジ…マサにばっかり話《はな》して…
なんかおれのほうが弟《おとうと》よりバカみてーじゃん！
家紋《かもん》って
お母《かあ》さんの着物《きもの》にもついてるよね！
しめしめ！
オヤジの鉄則《てっそく》
兄弟《きょうだい》の対抗心《たいこうしん》を利用《りよう》してノセロ!!

よし！ いったん ビデオ止《と》めて 話《はな》そう！
ヤス！『日本の歴史』の5・6巻持ってこい！
と
うん！
この「父上《ちちうえ》」ひどい…!!
急《きゅう》に 下《した》の子《こ》 ばっか ひいき してる！
てか なんで お母《かあ》さん 違《ちが》うの？
よし じゃあ ビデオ止《と》めて 考《かんが》えよう
子《こ》どもたちが興味《きょうみ》を…
こうして夫《おっと》は 45分間《ふんかん》のドラマの 間《あいだ》に 何度《なんど》も 話《はな》し合《あ》いながら…
この時代《じだい》の武将《ぶしょう》は 何人《なんにん》もの奥《おく》さんが いてもいい ことに なっていた
そんなの 女《おんな》の人《ひと》が かわいそう
現代《げんだい》の日本人《にっぽんじん》は そう思《おも》うよな
じゃあなんで この時代《じだい》はこう だったんだろう？
倍以上《ばいいじょう》の 時間《じかん》をかけて 見終《みお》わるころには…
次《つぎ》ないの？
はやく 続《つづ》き!!
もう遅《おそ》いから 明日《あした》になさい
起《お》きられなく…
いや！
オヤジの鉄則《てっそく》
最初《さいしょ》が肝心《かんじん》!! 子《こ》どもの興味《きょうみ》を 引《ひ》き出《だ》すべし！

見《み》られるとこまで見《み》よう!
おれも休《やす》みだし!
あなたは休《やす》みでも
子《こ》どもたちには学校《がっこう》が…
興味《きょうみ》があるうちが一番《いちばん》吸収《きゅうしゅう》できる!
そして集中《しゅうちゅう》の持続力《じぞくりょく》もつけられる大事《だいじ》なチャンスだ!!
オヤジの鉄則《てっそく》
学習《がくしゅう》は時間《じかん》で区切《くぎ》らない! 多少《たしょう》の予定《よてい》はとばせ!!
「多少」? 学校よ?
まったく…
ホントにメチャクチャね
うちは…
ジーーー
ジーーー
本当《ほんとう》に
メチャクチャです——
ジーーー

なんでデッキ買《か》い足《た》したの!?

2台《だい》も!!

仕事やめちゃったのに〜

いい番組《ばんぐみ》を見逃《みのが》したら
それこそ大損《おおぞん》だぞ!

さらに――!!

どん!!

何本《なんぼん》借《か》りてきたのー!

20本《ぽん》!!

100円レンタルで制限いっぱいだ!!

『アポロ計画《けいかく》 月《つき》に挑《いど》んだ男《おとこ》たち』『生命《せいめい》 40億年《おくねん》はるかな旅《たび》』『電子立国《でんしりっこく》 日本《にっぽん》の自叙伝《じじょでん》』といったＮＨＫ《エヌエイチケイ》の特集番組《とくしゅうばんぐみ》…

『ガンジー』『ゲバラ!』など偉人《いじん》の生《い》きざまを描《えが》いた映画《えいが》…

時《とき》には学問《がくもん》の要素《ようそ》のない「感性《かんせい》を育《そだ》てる」ための名作映画《めいさくえいが》も交《ま》ざりました――

子《こ》どもによって好《この》んで見《み》る作品《さくひん》は違《ちが》いましたが――

数学《すうがく》の公式《こうしき》がひとつ生《う》まれるのに
こんなに多《おお》くの人《ひと》たちの失敗《しっぱい》があったのか――…

ガンジーさん
うう! スゴすぎる!!

日本《にっぽん》にもロケットを作《つく》れる人《ひと》がいたんだー!!

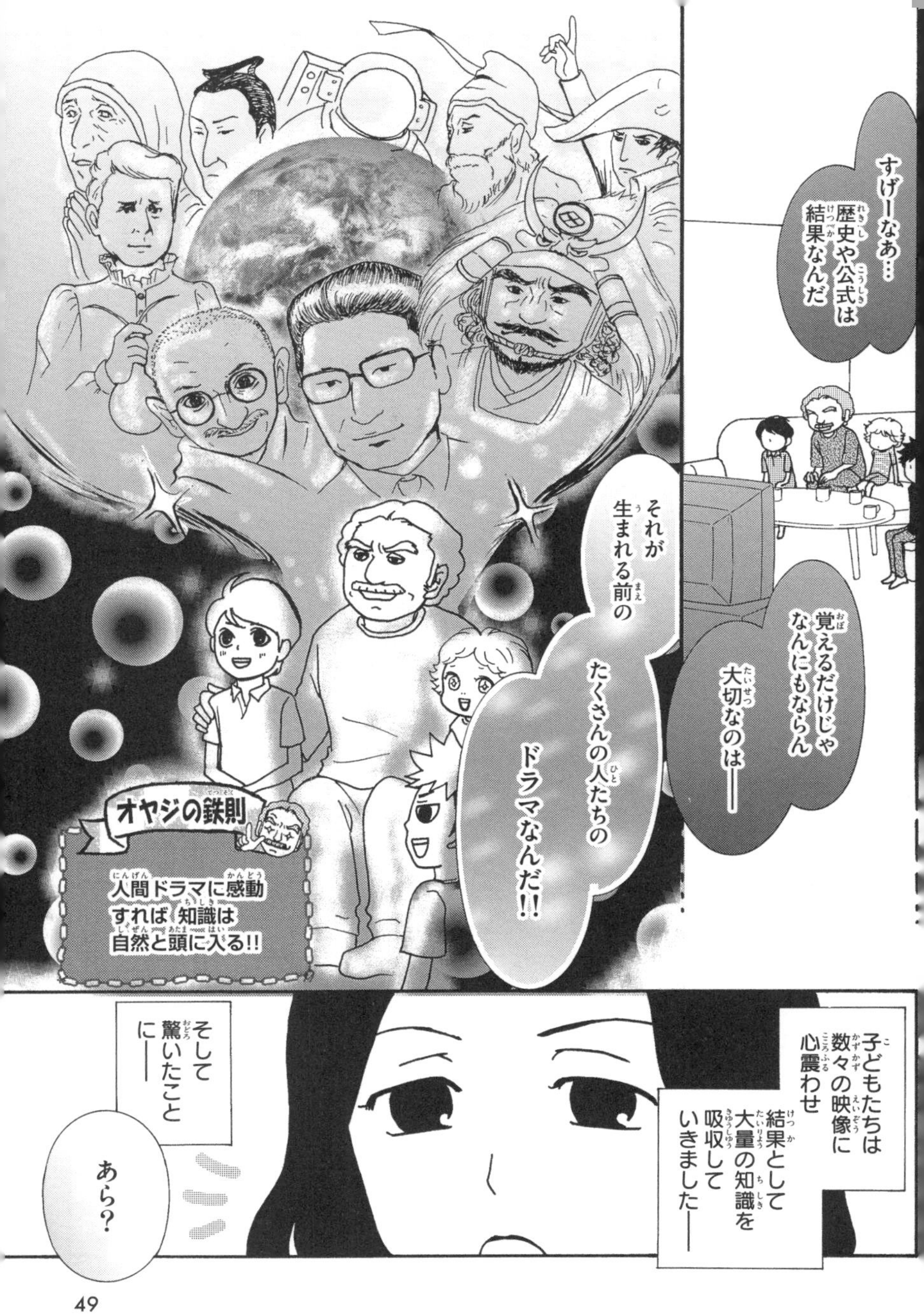
すげーなあ…
歴史《れきし》や公式《こうしき》は結果《けっか》なんだ
覚《おぼ》えるだけじゃなんにもならん
大切《たいせつ》なのは——
それが生《う》まれる前《まえ》のたくさんの人《ひと》たちのドラマなんだ!!
オヤジの鉄則《てっそく》
人間《にんげん》ドラマに感動《かんどう》すれば知識《ちしき》は自然《しぜん》と頭《あたま》に入《はい》る!!
子《こ》どもたちは数々《かずかず》の映像《えいぞう》に心震《こころふる》わせ
結果《けっか》として大量《たいりょう》の知識《ちしき》を吸収《きゅうしゅう》していきました——
そして驚《おどろ》いたことに——
あら?

そういえば最近《さいきん》誰《だれ》も感想《かんそう》ノートでおこづかいもらいに来《こ》ないわ！
認《みと》め→ハンコ
ふふ…
あいつらにとって「学《まな》び」はもう
こづかいのための手段《しゅだん》じゃない
それ自体《じたい》が喜《よろこ》びになったということだ!!
オヤジの鉄則《てっそく》
興味《きょうみ》を持《も》てば子《こ》どもは自発的《じはつてき》に勉強《べんきょう》する!!
あなた…すごい!!
はい！歴史《れきし》クイズ〜〜〜!!
信玄《しんげん》と謙信《けんしん》勝《か》ったのはどっちだ!!
信玄《しんげん》！
謙信《けんしん》!!
どっちもどっち…？
オヤジの鉄則《てっそく》
学習内容《がくしゅうないよう》を定着《ていちゃく》させるためにくり返《かえ》し話題《わだい》にする工夫《くふう》をしろ!!
でも…
預金通帳
家計《かけい》は
別《べつ》の意味《いみ》でものすごい状態《じょうたい》に！
学校《がっこう》を半分《はんぶん》休《やす》んでも給食費《きゅうしょくひ》は全額《ぜんがく》…
はあ…

解説

「面白い！」から意欲がわいてくる

漫画にブラックジャック、賭け麻雀にビデオ三昧。しかも漫画を読むために学校を休んだのに、怒るどころか褒めるオヤジ。

「本当にこんな家庭教育が行われていたんですか？」というため息交じりの声が聞こえてきそうですが、本当です！　漫画・ギャンブル・ビデオ（映像）の3つは、オヤジの教育の3本柱でした。

丁寧に解説します。

親の立場から考えると、子どもに与えたいのは「教育に良いもの」でしょう。漫画ではなく、算数のドリルや漢字ドリル。もしくは名作と言われる小説。ギャンブルなんてもってのほか。

私が子どもの頃は、YouTubeなんてありませんでしたから、もっぱらレンタルビデオでしたが、いまならオヤジは、YouTubeを活用していたでしょう。

ですが、子どもの立場になって考えてみてください。「教育に良いもの」は、面白いですか？　子どもの頃、漢字練習やニュース番組が好きでしたか？　きっと目の前に、ゲームやスマホがあったら、みなさんも夢中になっていましたよね？

学習ドリルや教科書での勉強を強制することは「勉強嫌いな子」を育てることと同じです。

仮に、スパルタでドリルをやらせたとしましょう。テストの成績をあげるための知識や、受験につながる知識を得ることができるかもしれません。でもそうやって進んだ学校で、子どもは何をするのでしょう？

家庭教育の目的は、次の3つです。

1. どうすれば、子どもの「知りたい！」を引き出せるか。
2. どうすれば、子どもが勉強を「やりたい！」となるか。
3. どうすれば、子どもが「これが好き！」を見つけられるか。

実際、親御さんたちに「どんなお子さんになってほしいですか？」と聞くと、たいてい、こんな答えが返ってきます。

「自分の頭で考えられる子どもになってほしい」

「自分の好きなことを見つけてほしい」

そうですよね。私もそう思います。でも、そんな子に育つために、算数ドリルは必須ですか？　ゲームを取り上げることが、ベストですか？　違いますね。

漫画で子どもの興味をひく

うちのオヤジの方法は乱暴ですが、ポイントは「タイミングを見計らう」ということです。例えば、四字熟語の本。漫画であったとしても、親が押しつけたものを、子どもは手に取りません。「読みなさい！」と言って渡しても、部屋の隅に積まれて終わり。

でも、例えばうちのオヤジのように、子どもが四字熟語に興味を持ったその瞬間に、「こういうの、あるぞ」と差し出したらどうでしょう？　きっと目を輝かせて読むに違いありません。大事なのは「探究するって面白い！」と思わせること。手段は、漫画でもゲームでもＹｏｕＴｕｂｅでも、何でもいいんです。ちなみに私が歴史に興味を持ったきっかけのひとつは、ファミコンゲーム『信長の野望』シリーズです。

オヤジが用意したとっかかりは「漫画」でした。

漫画が家庭教師、というわけです。伝記漫画に歴史漫画、サイエンス漫画に国語系漫画。気づくと、わが家の書棚は、さまざまなジャンルの漫画で埋め尽くされていました。しかも、全部自分で内容を確認してから購入していました。オヤジが「面白い！」と思ったものを子どもに与えていたのです。それだけでなく、自分でも楽しんで読んでいました。感想を親子で言い合うことが、理解を深める即席の家庭授業になっていたのです。

本だけでなく、映画やビデオにもそれは及びました。レンタルビデオ店に通ったり、面白いと思ったものを録画しては名作・名画をため込んでいました。

日々のテレビ放送でも同じです。ＮＨＫの大河ドラマで歴史に興味を抱き、『ＮＨＫスペシャル』で、科学の深淵に触れました。映像を見ることは、「父親と楽しい時間を共有する」ことでしたので、やらされている感はありませんでした。

知識が好奇心へと変わる

ただ、こうした方法には限界があります。量が多すぎて飽きてくる（苦笑）。

そこでオヤジがとった第二の方法は、「お金で釣る」。「1ページにつき1円」と設定し、お小遣い欲しさに、漫画や本を読ませるようにしたのです。ただし、もらった小遣いの多くは、ギャンブルでいいように巻き上げられましたが……。オヤジからすれば、麻雀やブラックジャックは、子どもたちの思考力や推理力、数学力を高めるためのアイテムだったようです。

小遣いをもらうには、感想文の提出が必須。それを母親がチェックしました。

感想文は「口頭」での提出も可で、ドライブ中や一緒にお風呂に入っている時など、オヤジに対し、読んだ本を必死に説明しました。だってお小遣いが欲しいですから。いま思うと、これは「説明する力」を身につけることができましたし、社会人になってからは、プレゼンスキルとして昇華しました。

また、オヤジとの会話を通して、「ものの見方」も学んでいきました。例えば、「トーマス・エジソンは白熱電球を発明した」ということだけにとどまるなら、それは「知識」です。そうではなく、どうやって発想したか、どうして発明しようとしたか、ということを考えていくと、どんどん視点が広がっていきます。「自分だったらどうするだろう?」と想像します。間違いなく夢中になりました。

知識が好奇心へと変わった瞬間です。

例えば『ソフィーの世界』など、オヤジはいいと思った本を何冊も買って、家族はもちろんご近所のみなさんにも配るような人で、ジャンルを問わず、本や映像作品をたくさん与えてくれました。その中でも子どもたちにぜひ手に取ってもらいたい選りすぐりの作品を紹介します。

新装版
ソフィーの世界
ヨースタイン・ゴルデル／著　池田香代子／訳
須田朗／監修
NHK出版　上・下巻　各1,000円＋税

「私って何だろう？」。誰しも一度は考えたことのある、こうした根本的な疑問を解き明かそうとするのが、哲学です。この物語では、主人公の少女ソフィーの目を通して、専門用語を使うことなく哲学を身近に感じながら学ぶことができます。

ドラえもんの学習シリーズ
ドラえもんの国語おもしろ攻略
四字熟語１００
湯沢質幸／指導　小学館　７６０円＋税

会話や文章の表現力を豊かにする四字熟語のうち、よく使われる最重要語100を厳選。『ドラえもん』の漫画で、どんなふうに使うのかを解説しているので、わかりやすさ抜群。おかげでわれら３兄弟も、言葉に興味を持つことができました。

コミック版世界の伝記
エジソン
吉田健二／漫画　前島正裕／監修
ポプラ社　９５０円＋税

蓄音機などを発明し、天才と称されるエジソン。しかし天才の本質は、「絶対に諦めないで努力し続ける」という姿勢にあることを教えてくれます。本書は、漫画の画風も現代調で手に取りやすく、偉人伝の入門書として最適です。

ケイティとひまわりのたね
ケイティのふしぎ美術館
ジェイムズ・メイヒュー／作　結城昌子／監修
西村秀一／訳　サイエンティスト社 1,600円＋税

知りたがりやの女の子ケイティが、ゴッホ、ゴーギャン、セザンヌの絵の中で大冒険を繰り広げます。絵画に親しむ、絶好の導入の書となるのが、この絵本シリーズ。わが家は家族で美術館にもよく訪れ、アートにもたくさん触れました。

子どもが「面白くて学べる」一冊

世に棲む日日

司馬遼太郎／著
文春文庫　全4巻　各650円＋税

どんないい教材や環境を用意しても、子どもの心に火がつかなければ、前に進みません。幕末に生き、私塾を開いて多くの人材を輩出した吉田松陰は、心に火をつける名人でした。松陰を描いた本書は、司馬遼太郎の名作の中でも特に名作です。

お〜い！竜馬

武田鉄矢／原作　小山ゆう／作画
小学館文庫　全14巻　各619円＋税

©武田鉄矢・小山ゆう／小学館

坂本竜馬は、日本史のヒーローのひとり。そのアイデアや行動力は、明治維新の原動力になりました。竜馬の大ファンである武田鉄矢さんが、多くの人に彼を知ってもらいたいという一心で作った作品で、少年時代の竜馬から描かれています。

新装版　ブラック・ジャック

手塚治虫／著
秋田書店　全17巻　各650円＋税

©手塚プロダクション

生命とは何か。医学とは何か。手塚治虫の傑作漫画『ブラック・ジャック』は、彼のあらゆる作品テーマである「命の大切さ」が貫かれています。ぜひ他の手塚作品も読んでほしい。一流の漫画は、いろいろな発見を与えてくれます。

宇宙兄弟

小山宙哉／著
講談社　〜42巻・連載中　660円＋税ほか

兄弟で宇宙飛行士になる夢を持っていたのに、それを早々にかなえた弟と、会社をクビになった兄。人生がリセットされた兄は、弟を追うことに戸惑いつつも、自分の弱みと向き合い、歩きはじめます。他人を思いやる心も学べる一冊。

子どもを虜《とりこ》にする「映像ストーリー」

作品を通して新たな知識や価値観を得られるのはもちろんのこと、同じ作品を親子そろって鑑賞すると、感想を言い合ったり疑問を話し合ったりできて、かけがえのない学びの時間になります。

NHKスペシャル『プラネットアース』

© 2018 NHK

ブルーレイBOX1 ～3　BOX1・3：各7,600円＋税／2：5,700円＋税　発売中　発行・販売元：NHKエンタープライズ

NHKとBBCが5年の歳月をかけて、野生動物と自然がつむぎ出すドラマを映像に収めたドキュメンタリー。私たちは地球の一部であり、地球は私たちの一部。そんなことを再認識させてくれます。

映画『遠い空の向こうに』

ジョー・ジョンストン／監督
Blu-ray：1,886円＋税／DVD：1,429円＋税
発売元: NBCユニバーサル・エンターテイメント

実話をもとにした青春映画。大半の少年が炭鉱夫になる田舎町で、4人の少年がロケットを飛ばす夢に挑みます。周囲は「できっこない」と反対しますが…。信念を貫くことの大切さに気づかされるはず。

映画『ガンジー』

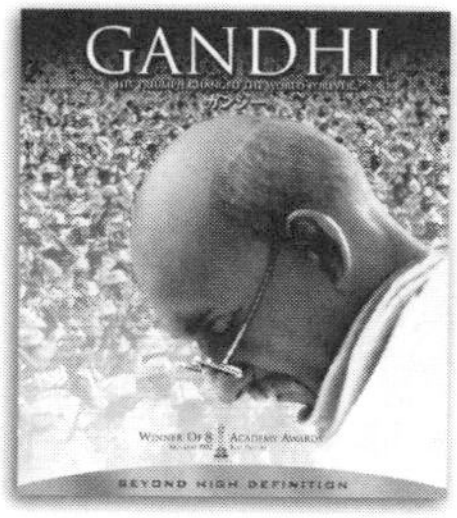

リチャード・アッテンボロー／監督
デジタル配信中　Blu-ray 2,381円＋税／DVD 1,410円＋税　発売・販売元：ソニー・ピクチャーズ エンタテインメント

英国に植民地化されていたインドで、「非暴力・不服従」を掲げ、独立を勝ち取ったガンジー。その生涯を描いた、アカデミー賞9部門受賞の映画。信念を貫く大切さを、ガンジーの人生は語っています。

大河ドラマ『花燃ゆ』

© 2015 NHK

完全版 ブルーレイBOX　第壱集・第弐集・第参集 各12,000円＋税　NHKエンタープライズファミリー倶楽部 限定販売中　発行・販売元：NHKエンタープライズ

吉田松陰の妹・文（井上真央）の人生を中心に、幕末の動乱を描いた青春群像劇。吉田松陰を映像から知るにはピッタリの作品です。本作に限らず、「大河ドラマ」を親子で観るのは、わが家の習慣でした。

第2章

「つくる喜び」が引き出す好奇心

凧《たこ》にミニ四駆、ロボットにベーゴマ。宝槻家は、おもちゃをどんどん与えました。共通するのは、「自分でつくる」ということ。自分でつくりあげる喜びが、子どもの好奇心を刺激します。

しおん！
田舎《いなか》に引《ひ》っ越《こ》すぞ
夫《おっと》の気《き》まぐれで田舎《いなか》に引《ひ》っ越《こ》した宝槻家《ほうつきけ》ですが…
え？
なんですって？
宝槻家《ほうつきけ》の母《はは》 しおん
だから〜
みんなが何《なに》言《い》ってるか全然《ぜんぜん》わかんない！
おれも
なまってるって言《い》われた！自分たちのほうがなまってるのに!!
長男《ちょうなん》・ヤス 小《しょう》6
次男《じなん》・カズ 小《しょう》5
三男《さんなん》・マサ 小《しょう》2
あらら…
じき慣《な》れるわよ 仲《なか》よくしなさいね…
帰ったぞ
3兄弟《きょうだい》全員集合《ぜんいんしゅうごう》！
番号《ばんごう》！
1！
2！
3！
大事《だいじ》な話《はなし》してたのに〜〜〜!!
ヒント4
工作《こうさく》で「段取《だんど》り力《りょく》」を身《み》につける

toy shop
組み立てシリーズ
組み立てシリーズ
立てシリ
買《か》ってきてやったぞ！一個ずつな！
やったー！おもちゃだ！
これ動《うご》くやつ!?
動《うご》くぞ！ただし…
これは自分《じぶん》で組《く》み立《た》てる必要《ひつよう》がある！正《ただ》しくモーターを接続《せつぞく》しないと動《うご》かんぞ！
お前《まえ》らできるかな…!?
フッフッフッ…
熱《ねっ》中《ちゅう》。
どうしたの？急《きゅう》におもちゃなんて…
これも大切《たいせつ》な教育《きょういく》だ
教育《きょういく》？
「説明書《せつめいしょ》の通《とお》りに作《つく》って完成《かんせい》させる」おもちゃは
「段取《だんど》り力《りょく》」を鍛《きた》える教材《きょうざい》なんだ！

東京《とうきょう》では しおんもよく パズルなんか 買《か》ってやったろ
どうせなら 知育《ちいく》につながる おもちゃがいいかと…
だから あいつら 学校《がっこう》の成績《せいせき》も 悪《わる》くないんだ
休んで ばっかでも
?
まず うちの子《こ》には おれが植《う》えつけた 学《まな》びの種《たね》がある
ワクワク
だから教科書《きょうかしょ》を読《よ》んでも…
興味《きょうみ》を持《も》って 覚《おぼ》える
算数
前《まえ》に観《み》た 映画《えいが》に出《で》た 公式《こうしき》だ♡
ここまでは おれのおかげ!
ガハハ
しかし…
テスト
? ?
なんだか さっぱり わかんない ぞ~!?
→こんなふうに 公式《こうしき》の使《つか》い方《かた》を 考《かんが》えられなければ 意味《いみ》がない!
この問題《もんだい》は あの時《とき》の公式《こうしき》を あてはめれば 解《と》けそうだな
大正解《だいせいかい》!
パズルみたいな 「正解《せいかい》」に向《む》けて 組《く》み立《た》てていく おもちゃは 「答《こた》えへの道筋《みちすじ》を 考《かんが》える力《ちから》」 ＝《イコール》『段取《だんど》り力《りょく》』を 培《つちか》ってくれる!
しおんの おもちゃ選び 大正解!!
まあ♡
オヤジーーー! おれ1番《ばん》に 完成《かんせい》ーーー!!
おー!? 見《み》せてみろー
って なんでテスト 捨《す》てるのよ
ポイ
グシャ

オヤジの鉄則《てつそく》
組《く》み立《た》てるおもちゃで段取《だんど》り力《りょく》を養《やしな》え!!
田舎《いなか》は土地《とち》が広《ひろ》いからな!
ダイナミックに遊《あそ》べるぞー!!
ついでに動力《どうりょく》の仕組《しく》みもわかっただろ――!!
ガハハハ
さらに大切《たいせつ》なのはここからだ!!
どっちがよく飛《と》ぶ?
右《みぎ》!
左《ひだり》!
左《ひだり》!
どっちも正解《せいかい》だ!!
あぶなーいっ
右《みぎ》のほうが長《なが》く飛《と》んでた!
ビューーン!って!
左《ひだり》は速《はや》かった!
なんでだと思《おも》う?
ニヤ…

同じ紙ヒコーキを折ってもらった
どっちも前《まえ》のほうが折《お》りたたんである
ゆっくり飛《と》んだほうは翼《つばさ》が大《おお》きめ…
レースしようぜ…！
一番《いちばん》速《はや》いの作《つく》ったヤツの勝《か》ちな！
おー！
ぜってー勝《か》つ！
三男号《さんなんごう》
次男号《じなんごう》
長男号《ちょうなんごう》
みんな変《か》わった形《かたち》…
よっしゃ!!
お！気《き》がついたな3人《にん》とも！
え？
速《はや》く飛《と》ばすには重心《じゅうしん》を前方《ぜんぽう》に置《お》いて
重心《じゅうしん》
できるだけ重《おも》く作《つく》ることが大切《たいせつ》だ！
力学的な問題だな！
すげー！
ビューーン
はえー！
オヤジの鉄則《てっそく》
親《おや》はヒントだけ与《あた》え あとは子《こ》どもの探究心《たんきゅうしん》にまかせろ!!

子《こ》ども会《かい》で凧《たこ》あげ大会《たいかい》があるって!!
マジで！すげーの作《つく》ろう！
ぼくのこと「なまってる」って言《い》ったヤツ負《ま》かしてやる！
ノッたー！
オー！
……
凧《たこ》あげ大会《たいかい》だって？
ええ…3人《にん》とも盛《も》りあがってるけど…
負《ま》かそうだなんて…
だから友達《ともだち》ができないのよ！
紙《かみ》と木《き》で凧《たこ》作《つく》ってんのかよ
フツーだな！
私《わたし》話《はな》してたんですけどーー！
凧《たこ》はどうやって上《あ》がるんだ？
風《かぜ》を受《う》けて浮《う》かぶんだぞ？
フフ…
そして3兄弟《きょうだい》は――

ばん!
ビ…ビニールと金属《きんぞく》で作《つく》ったの——!?
スゴイ!
凧《たこ》に必要《ひつよう》なのは「軽《かる》さ」と風《かぜ》に耐《た》える「強度《きょうど》」
そこを追究《ついきゅう》した結果《けっか》…
こうなりました!
原理《げんり》をおさえて応用《おうよう》する! お前《まえ》らやるじゃないか!
ブッちぎり優勝《ゆうしょう》だー!!
ほかの子と楽しむことも大切よ—
オヤジの鉄則《てっそく》
子《こ》どもたちの探究《たんきゅう》には口《くち》を挟《はさ》まない
凧《たこ》あげ大会当日《たいかいとうじつ》
3兄弟《きょうだい》の凧《たこ》
ほかの子《こ》がひいちゃう——!!
フフン!
ザワ
ザワ
すごい!!

なんで
あんな高《たか》く
なるん!?
どうやって
作《つく》るんさ!?
教《おし》えて!
え…!?
凧《たこ》に大切《たいせつ》なのは
強度《きょうど》と軽《かる》さだよ!
紙《かみ》じゃなくて
ビニールで
作《つく》ったんだ
えー!
作《つく》り方《かた》
教《おし》えてやるよ
その代《か》わり…
川《かわ》で魚《さかな》とる
方法《ほうほう》
教《おし》えてよ!
おー!
よかった
——!!
がっはっは!
すべては
おれの
作戦《さくせん》だ!
ほっといただけ
じゃないですか!!

↖ヒント5へGO!

夫《おっと》の与《あた》えた工作《こうさく》キットから
宝槻家《ほうつきけ》の凧《たこ》
工作《こうさく》の魅力《みりょく》にハマった子《こ》どもたち…
お父《とう》さん…
何《なに》これ?
宝槻家《ほうつきけ》の母《はは》 しおん
ズラッ
こんなにたくさん工具《こうぐ》買《か》い込《こ》んでどーするの!?
いつまでも簡単《かんたん》なモン作《つく》ってるだけじゃ飽《あ》きるだろ
時々《ときどき》バイトするだけの無職《むしょく》
しかし子《こ》どもたちは…
子《こ》どもレベルで充分楽《じゅうぶんたの》しんでますけど…?
むむ…
ヒント5
「創造力《そうぞうりょく》」のためならケガも恐《おそ》れない

ベーゴマか！なつかしいな
おれは無敵《むてき》のチャンプだったんだぞ！
おれのコマが一番強《いちばんつよ》いんだよ！
次男《じなん》・カズ 小《しょう》5
ヒモの巻《ま》き方《かた》がいい時《とき》はおれも勝《か》てる！
長男《ちょうなん》・ヤス 小《しょう》6
くっそ〜〜！
もっといいコマ選《えら》べばよかった!!
三男《さんなん》・マサ 小《しょう》2
これか改造《かいぞう》すれば勝《か》てるぞ
改造《かいぞう》!?
ガ
ガガガ
こうやって削《けず》るんだ
け…削《けず》る!!
なんでカズのコマが一番勝《いちばんか》つのかよく考《かんが》えて調整《ちょうせい》してみろ！
凧あげ大会だって自分たちで応用して優勝しただろ！
重《おも》めのコマは強《つよ》いんだよな…
じっ…
オヤジの鉄則《てっそく》
ヒントだけ与《あた》えあとは子《こ》どもに考《かんが》えさせろ!!

わかった!!
ガリガガガガガガ
ん! 何《なに》か気《き》づいたか!?
あ! そーか!
市販《しはん》のベーゴマは2種類《しゅるい》…
タカ
三男《さんなん》の
ペチャ
長男《ちょうなん》と次男《じなん》の
ぶつかって相手《あいて》のコマを弾《はじ》きとばすには重心《じゅうしん》の低《ひく》いペチャが強《つよ》い
重心《じゅうしん》の高《たか》いタカはペチャと互角《ごかく》にゲームする前提《ぜんてい》でペチャより重《おも》い素材《そざい》で作《つく》ってある
ズシッ
タカを削《けず》って重心《じゅうしん》の低《ひく》いペチャの形《かたち》にすれば最強《さいきょう》ってことだ!!
このままじゃマサに負《ま》ける!!
ドッ
ギャ!
ガッ
おかあさーん! 痛《いた》いよー! ケガした!
たたたっ
きゃ! 血《ち》が! どうしたの!?

ヤッちゃんが押《お》した!
マサがベーゴマ削《けず》ってたから
交換《こうかん》!?
押《お》しただけでこんなケガ!?
おれが続《つづ》き削《けず》ってやるからおれのコマと交換《こうかん》な!
なんでそーなんだよ
ぐえ!
やったな
うっせー
やっ
やめなさ——い!!
ケンカするならベーゴマは禁止《きんし》です!!
おーい!
ベーゴマ買《か》ってきてやったぞー!
ガンガン削《けず》って研究《けんきゅう》してみろ!

やめてよ！
そのせいでマーくんがケガしたのよ!?
何《なに》!?
危《あぶ》ない遊《あそ》び教《おし》えないで！
つまらんこと言《い》うな！
はあ!?
だせーな！もっとうまく削《けず》れよ！
え——!?
ケガすりゃ本人《ほんにん》だって痛《いた》い
そこから「危険《きけん》」を学《まな》ぶんだ
見ろ！今はうまく削ってる
ケガから遠《とお》ざけることばかり考《かんが》えたら
何《なに》もできない大人《おとな》になるぞ！
オヤジの鉄則《てっそく》
過保護《かほご》は禁物《きんもつ》!!
ある程度《ていど》は黙認《もくにん》
やべー！削《けず》ったら全部《ぜんぶ》強《つよ》くなった！
強《つよ》いコマばっかだと飽《あ》きてくるな…
もう仲直《なかなお》りしてる…
ふむ
そろそろあの番組《ばんぐみ》を見《み》せるか…!!

※全国《ぜんこく》ロボットコンテスト――!!
※年《ねん》に1度《ど》、自作《じさく》ロボットをエントリーし、競《きそ》い合《あ》う番組《ばんぐみ》
工作《こうさく》もここまでいくとすげーなあ!
!!
すげ…工作《こうさく》ってレベルじゃ…
あ!
このロボットのキャタピラー
おれのラジコンカーと同《おな》じだ!
オヤジに買ってもらった
工作キットの
!!
複雑《ふくざつ》なロボットもモノの仕組《しく》みの組《く》み合《あ》わせってことだな
え…まさか!
おれもロボット作《つく》りたい!!
やっぱり――!!
うちの子どもにそんなことできるの??
おれの工具《こうぐ》とパーツ自由《じゆう》に使《つか》え!
やった!!

子《こ》どもたちはロボット作《づく》りに熱中《ねっちゅう》し出《だ》しました
兄弟《きょうだい》ロボコンしよー！台《だい》から落《お》ちるかひっくり返《かえ》ったら負《ま》けな！
自分《じぶん》たちでルールを作《つく》り
上下運動《じょうげうんどう》の仕組《しく》みがわかんない
ショベルカーのキットを買《か》い足《た》して与《あた》えよう
ゆきづまると夫《おっと》の散財《さんざい》も増《ふ》えたのですが…
とうとう半年後《はんとしご》には――
次男《じなん》ロボ
長男《ちょうなん》ロボ
スゴい！ホントに作ったー！
三男《さんなん》ロボ
「すくいあげ」で相手《あいて》を転《ころ》がすロボ!!
ネットで調《しら》べて今回《こんかい》のルールで勝《か》てる形状《けいじょう》を追究《ついきゅう》したぜ！
鉄球《てっきゅう》を当《あ》てて相手《あいて》を「ぶっとばす」パワーロボ!!
ビル解体《かいたい》のマシンからヒントを得《え》て作《つく》った――!!
倒《たお》れにくさを追究《ついきゅう》した安定《あんてい》のキャタピラ走行《そうこう》
相撲《すもう》のワザのごとく相手《あいて》を「押《お》し出《だ》す」ロボットだよ

ゴッ
ガッ
おっしゃ！
鉄球《てっきゅう》とれた！
ギャー!!
ひっくり返《かえ》されたーー！
すくいあげ無敵《むてき》!!
おれつえーの作《つく》り直《なお》す！
1週間後《しゅうかんご》に再戦《さいせん》しよ!!
ふっ
「遊《あそ》ばせる」より子《こ》どもが自《みずか》ら「遊《あそ》ぶ」ようにする！
そうすれば子《こ》どもたちに『創造力《そうぞうりょく》』が育《そだ》つんだ!!
なるほど!!
わが夫《おっと》ながらよくやるわ～
子《こ》どもの可能性《かのうせい》は無限大《むげんだい》なんだ！
オヤジの鉄則《てっそく》
常識《じょうしき》にとらわれずとことん遊《あそ》びをサポートすべし!!

解説

親がやりすぎれば好奇心は消えてしまう

宝槻家は東京にありました。オヤジも東京で忙しく働いていたのですが、こうした「普通」に収まらないのが、良くも悪くもわが家のオヤジです。

私たちが3人とも小学生の頃、その宣言は突然、なされます。

「もはや東京で暮らす意味はない。田舎暮らしだ！」

自分が経営していた会社も自宅も売り渡し、突然、栃木に引っ越します。

都会から田舎へ。オヤジが子どもへ与えるものも、「本」だけでなく、ミニ四駆やベーゴマといった玩具が加わっていきます。自然の中で遊ぶ、という要素が追加されたのです。

ここには、「子どもを〝遊ばせる〟のではなく、〝自ら遊ぶ〟ように仕向ける」というオヤジの考えがありました。自発性ですね。

子どもが興味を持つところまでは、あれこれ誘導しますが、いったん興味を持ったら、あとは手出ししません。つまずこうが、ケガをしようが、見守りつつ、放っておきます。ここであれこれ口出し、手出しをしてしまうと、「出来のいいミニ四駆」は完成するかもしれませんが、子どもたちの自発性や好奇心は急速にしぼんでしまいます。

母親の協力もありました。

子どもが本気で夢中になると、時間を忘れます。ご飯の時間や入浴の時間、宿題やあれやこれや。一家を切り盛りする主婦目線で見れば、「家族のスケジュールを守らない」行動は、イラつくことでしょう。ところが母親は、夢中になっている私たちを、そのまま放っておいてくれました。寛容さで、大目に見てくれたのです。このことで、私たち3兄弟は、とことん、「遊び」に夢中になることができました。

なぜオヤジは「遊び」にこだわったのか。実は、「遊び」の中から、創意工夫や創造性が生まれていきます。「遊び」のないところに、好奇心は育ちません。だとするならば、親にできることは、「遊びたい！」という環境をどう整えるか、ということです。宝槻家の場合はそれが極端で、「田舎へ引っ越しだ！」ということになってしまったというわけです。振り回された母は、本当に大変だったといまさらながら思います。

猛父の思いつき三遷

会社を畳み、無職になったオヤジは、コンサルティングなどを請け負い、収入を得ていたようです。自称「高給フリーター」。身分はフリーランスなので、使う時間の自由度が上がります。結果、私たちは「昼間、ソファでゴロゴロしているオヤジ」を目にするようになり、オヤジと一緒に過ごす時間も増え、ますますオヤジの影響が強くなっていきます。引っ越しは、オヤジが家庭教育に本腰を入れる、大きなきっかけにもなりました。

漫画では詳しく触れていませんが、実はこの引っ越し、これが最後ではありません。栃木で2年経ち、ようやく田舎暮らしにも慣れてきたところで、オヤジがまたまた宣言します。

「栃木は思ったより自然が少ない。ちゃんと自然があるのは東北より北か、九州の南半分だ」

森林分布図を兄弟に示しながら、その事実を突きつけます。

「だがオレは、寒いところが嫌いだ。来月、宮崎に引っ越すことにした」

孟母三遷ならぬ、猛父の思いつき三遷。こうやって、家族は巻き込まれていきます。

とはいえ、オヤジから学んだ「遊び」の重要性。実は、私の「探究学舎」でもそれがいかされています。ここでどんな授業をしているのか。ちょっと覗いてみてください。

ルポ　探究学舎の一日

この日、東京・三鷹の探究学舎の教室には、40人を超える小学生が集まっていた。2日間計9時間で完結の特別授業「探究スペシャル・幾何学編」に参加するためだ。年齢に分け隔てなく、グループごとに6人掛けの円卓に座る。興奮と緊張とで教室はざわついている。

ガヤガヤとした中、ニコニコとしながら登場したのは、探究学舎代表の宝槻泰伸さんだ。学校や普通の塾なら、「静かにしなさい！」とまずは静寂を求めるところだが、ここではそんな指示は飛ばない。「探究心に火がつけば子どもは自ら学び始める」と、信じているからだ。適切なものを子どもに提供すれば、子どもは集中する。無理に静かにさせたところで、好奇心の花は開かない。

「あだ名は〝やっちゃん〟です。〝やっちゃん〟と呼んでください。実は子どもの扱いのプロなんです。だって5人子どもがいるんですから」

ユーモアたっぷりの自己紹介に、教室は笑いに包まれていく。いつの間にか、子どもたちの目はやっちゃんに集中し、笑い声や容赦のないツッコミの声は上がるし、「算数、嫌いです！」と立ち上がってアピールする子もいるけれど、教室と関係のないことを話す子どもはいなくなっていた。「面白いことが起こりそう」ということは、子どもたちも察知するのだ。

やっちゃんは、スライドを駆使しながら、自然の中にある「かたち」を探していく。五角形になっているアサガオ。そしてオクラ。土星の北極のところには、六角形があり、ハチの巣も六角形になっている。自然界にも宇宙にも「かたち」があり、かたちを知ることは、自然界や宇宙を知ることでもある。「それが幾何学という学問なんです」とやっちゃんが伝えると、幾何学という言葉を初めて聞いた小学校低学年の子

やっちゃんの授業に引き込まれ、子どもたちは能動的に授業に参加。席を離れて前へ押し寄せ、食い入るように耳を傾ける姿も印象的

「元素編」の授業では、ヒントをもとに自力で難しい元素模型を組み立てていく。正解してやっちゃんと喜びのハイタッチを

どもたちも、一様に目を輝かせた。

4回目だという中学1年生の女子。

「ここにくると、正解とか不正解とかじゃなくて、考えたことを評価してくれる。自分の考えでいい、違っててもいい、というのが楽しいんです」

初めて授業を受けたという小学3年生の女の子は、「学校や塾は、〝勉強しなさい〟としか言わないから面白くない」という。「でもここは、そんなことを言わない。でも新しいこととか、不思議なこととか、たくさん知ることができる。もっとやりたい、と思う」。

「遊んでるだけなんだけど、知らないうちに、いろいろ身についてた」と胸を張っていたのは、2回目の参加という小学4年生の男の子だ。

朝5時起きで静岡から駆けつけた親子もいれば、わざわざシンガポールからやって来た親子もいた。

遠くからでも参加したい何かが、探究学舎にはあった。

（左写真）折り紙を使って水族館を表現した子どもたち。「実践探究」のプログラムでは、やってみたいことの実現をサポートしてくれる。（右写真）いま聞いたばかりの話を忘れまいと、工夫をこらしてノートに書く

受験も勉強も教えない教室

だが探究学舎は、「受験も勉強も教えない」とうたう教室だ。「勉強してほしい」と願う親が、なぜ受講させるのか。教室に来ていた小学4年生、6年生の子を持つ親に聞くと「コロナ禍で学校に通えなくなり、子どもから笑顔が減ってイキイキとしていないように見えたから」という答えが返ってきた。

学校もオンラインの授業が増え、友だちとのコミュニケーションは極端に減った。しかも、学校のオンライン授業は先生の話を聞くだけになりがちで、楽しさを感じにくい。

「子どもには、〝勉強は楽しい〟と気づいてほしかったんです。中学受験とか、高校受験とか、そういうことじゃなく、まずは〝勉強は楽しい〟という基本を大事にしたいなと思って探したら、ここにたどり着きました」（前述の親）

複数回参加しているという親に聞くと、子どもたちが「ま

た行きたい！」と言うのだという。

「先日、小学4年生の息子が、探究学舎の元素の授業を受けたのですが、家で手を洗いながら、〝水はH_2Oだね〟って言うんです。会話の端々に、学んだことが漏れ出してくるんです。探究学舎で〝好奇心の種〟がまかれた感じがします」

手をつないで水（H_2O）の元素になりきってみる。子どもも大人も大爆笑

幾何学のスペシャル授業でやっちゃんが用意したのは、「シャボン玉実験で確かめる、ハチの巣のハニカム構造」や「日本人考案の折り紙が宇宙に行った話（実際の折り紙つき）」など、大人でもひきつけられる話ばかり。「図形パズル挑戦」や「鶏卵をにぎりつぶせるか実験」など、参観の親も巻き込んで授業が進められていく。

やっちゃんは、ボールだけ放ると、子どもたちに考えさせる。そう、宝槻家のオヤジの「興味を持たせたら、あとは子どもに任せる」というヒット&アウェイのメソッドそのままだ。

探究心に火がつけば子どもは自ら学び始める。

探究学舎が掲げるモットーは、宝槻家の家庭教育のメソッドそのものだった。

第3章

体を使って、頭も使う

宝槻家の年中行事となった野外キャンプ。オヤジの思いつきから始まった突然のキャンプでしたが、この身体を使った体験が、3兄弟を急速に成長させてくれました。身体と頭は直結しているのです。

夫《おっと》の巻《ま》き起《お》こした工作《こうさく》ブームが
3兄弟《きょうだい》でロボコンを開催《かいさい》するまでに!!
行《い》くとこまで行《い》った——という感《かん》じで
この人《ひと》も次《つぎ》の展開《てんかい》を模索中《もさくちゅう》!?
しおん!
たまにはどっか行《い》くか!
山《やま》でも散策《さんさく》して その後《あと》旅館《りょかん》とか
宝槻家《ほうつきけ》の母《はは》 しおん
お父《とう》さん出稼《でかせ》ぎしてお金《かね》入《はい》ったものね
素敵《すてき》!!
よーし! 明日《あした》は旅行《りょこう》行《い》くぞ!!
ワーイ!
どこにします? 宿《やど》を予約《よやく》しなきゃ!
行《い》った先《さき》でテキトーでいいだろ!
平日だしな
思《おも》いつきの小旅行《しょうりょこう》が とんでもない展開《てんかい》に発展《はってん》するのです——!!
山野草図鑑
ヒント6
キャンプで試行錯誤体験《しこうさくごたいけん》

あら！
もう アケビが 熟《じゅく》してる！ おいしいのよ これ！
わ！ 甘《あま》い！
何《なに》これ うまー！
？
…
長男《ちょうなん》・ヤス 中《ちゅう》1
次男《じなん》・カズ 小《しょう》6
どうした？ マサ
こ…
こんなの 食《く》うなんて 信《しん》じらんない！
おなか こわすよ！
！！
三男《さんなん》・マサ 小《しょう》3
お母《かあ》さん だって 食《く》ってんだぞ 平気《へいき》だって！
やだやだ！ いらない！
もく もく
煙《けむり》…

ガサッ
おお!
ガサッ
はーー!?
旅館《りょかん》はやめだ! キャンプにしよう!
面白《おもしろ》そう!
道具《どうぐ》もないのに…
急にはムリよ!!
今《いま》から買《か》いに戻《もど》る!
みんな車《くるま》に乗《の》れー!!
ガーン!!
むむ!
意外《いがい》と高《たか》いなキャンプ用品…
日曜大工・キャンプ用品
必要最低限《ひつようさいていげん》のモノだけ買《か》うか!
思《おも》いつきでテキトーな買《か》い物《もの》をし…
数時間後《すうじかんご》
ザーーー
ザーーー
寒《さむ》い…!!
まっくら
おなかすいたー!!

今《いま》からでも移動《いどう》して旅館《りょかん》に…カゼひいちゃう!!
キョロ。。
…
マサ! 隣《となり》のテント行《い》ってこい!
げ
ビシ!
なんでおれ!?
お前《まえ》が一番《いちばん》…
やだよー! 旅館《りょかん》行《い》こうよー!
小《ち》さくてかわいい!
ビク!!
ま…まあそれほどでもあるけど…
あそこにはうまそうなものがたくさんある!
行《い》って食《く》わせてもらうんだ!!
やめて!!
パパパ
ばんって
おいしいニオイ…
は…は…
マサくううん!!
フラあ
よし!

次《つぎ》は
お前《まえ》たちだ
え――!?
「弟《おとうと》がすみません」
とすり寄《よ》って
仲間《なかま》に入《はい》れ!!
ラジャー!
父の手先
母想い
やめなさい
みっともない!
行かなくていいのよ!
でもおれも
ハラへった
――!
カズ
くうううん!!
数分後《すうふんご》
何《なに》をやってるんだ
お前《まえ》たち!
ご迷惑《めいわく》だろ!
いやーすみません!!
私《わたし》がキャンプ
素人《しろうと》なもので…
オヤジの鉄則《てつそく》
ピンチの時《とき》には
子《こ》どものかわいさも
利用《りよう》しろ!
…
恐縮《きょうしゅく》ながら
家族《かぞく》でご厚意《こうい》に
甘《あま》え…
ウチに
足《た》りない
道具《どうぐ》は…
何でしょう
まずは
タープ!
雨よけ
日よけの
必需品です
ランタンも
ないと
山《やま》の夜《よる》は
厳《きび》しいですよ
忘《わす》れられない
初《はつ》キャンプ(笑《わらい》)
となりました
オヤジの鉄則《てつそく》
わからないことが
あれば
詳《くわ》しい人《ひと》に聞《き》け!
知らぬは
一生の恥だ!

ビクッ
でも すばらしい収穫《しゅうかく》も ありました
うわ!
ピチ
ピチ
ピッ
でろ…
釣《つ》った魚《さかな》を さばくのを 見《み》たのは…
はじめて?
コク
食《た》べものって さ…
コクン
全部《ぜんぶ》「生命《いのち》」を 頂《いただ》いてるん だよね…
ありがたいよなぁ…
スーパーで 買《か》えるものも…
元《もと》はみんな
生《い》きて いたんだよ
はい!
ありがたいです——!!

みなさーん おにぎりと お味噌汁《みそしる》 できましたよー
ありがとう ございます!
奥《おく》さん 手際《てぎわ》よくて 助《たす》かっちゃったよー!
なすの味噌汁《みそしる》? なすなんて あったっけ?
アケビの皮《かわ》です 火《ひ》を通《とお》すと なすみたい でしょ!
きのう実を つんで食べて 皮をとって おいたの!
お母《かあ》さん すごく おいしい!
おかわり ちょうだい!
潔癖気味《けっぺきぎみ》だった 三男《さんなん》も 偏食《へんしょく》がまったく なくなりました!!
以来《いらい》 宝槻家《ほうつきけ》では…
…………
また キャンプ 行《い》くか!

キャンプは家族《かぞく》の恒例行事《こうれいぎょうじ》となり…
テント設営《せつえい》10分《ぷん》!
ライターを忘《わす》れても…その場《ば》で考《かんが》えあるもので対応《たいおう》!!
グッ
ブス ブス ブス
モリのカスタマイズカンペキ!!
キリ
工作《こうさく》でものの仕組《しく》みを体得《たいとく》した後《あと》にすかさずキャンプで応用《おうよう》!!
ガッハッハ!
おれの作《つく》った流《なが》れはカンペキだな!!
行《い》きあたりばったりだったくせに…
でも確《たし》かに…
「宝槻《ほうつき》3兄弟《きょうだい》の鉄則《てっそく》」
「体感《たいかん》」は最高《さいこう》の学《まな》びである!

ヒント7へGO!

キャンプにハマり
自然児《しぜんじ》と化《か》した宝槻《ほうつき》3兄弟《きょうだい》!
…というほどでもありません
少《すく》なくとも おれはね
宝槻家《ほうつきけ》 次男《じなん》
カズ・中《ちゅう》1
キャンプをきっかけにうちはまた引《ひ》っ越《こ》しました
釣《つ》りのできる所《ところ》に住《す》もう!
いいね!
三男《さんなん》・マサ
小《しょう》4
長男《ちょうなん》・ヤス
中《ちゅう》2
せっかく友達《ともだち》できたのに
私《わたし》は5年前《ねんまえ》と比《くら》べて
母《はは》・しおん
(5年前《ねんまえ》)
すっかりたくましくなってしまいました…
畑《はたけ》作《つく》ると食費《しょくひ》が浮《う》いていいわねー!
うんしょ!!
お母《かあ》さん! おれが持《も》つから!!
ヒント7
買《か》い物《もの》の中《なか》に学《まな》びあり

ごっごっ
ごっ
わ!!
し
しおんか
知らないおばさんかと思った!!
アンタのせいだろ――!!
定職《ていしょく》につかず
きまぐれで
引《ひ》っ越し
「教材《きょうざい》」と
みなせば
無計画《むけいかく》に買《か》い物《もの》
しまくり!
アンタのせいで
お母《かあ》さんは――!!
メラメラ
しおん
麦茶《むぎちゃ》!
自分《じぶん》で…
自分《じぶん》で
入《い》れてー!!
飲《の》んだら町《まち》で
買《か》い物《もの》してきて!
たんぱく質の
おかずになるもの!
お
おう
あそこの商店街《しょうてんがい》は高《たか》いから
スーパーでね!
予算《よさん》は
2日分《ふつかぶん》で
2千円《せんえん》!!
あのさ…
何《なに》?
ガソリン代《だい》も
持《も》ってくぞ?
――わかった
お…

ガラ ガラ
お母《かあ》さんが〜〜〜!!
ガラ ガラ
スーパー
特売!
途中車でひろった→
いわし！
さっきの店《みせ》でも特売《とくばい》だったな！
でもグラム単価《たんか》はこっちのほうが安《やす》いね
同《おな》じ特売品《とくばいひん》だが値段《ねだん》が違《ちが》うのはなぜだ？
こっちは大手《おおて》チェーンだから大量《たいりょう》に仕入《しい》れて安《やす》くできる！
正解《せいかい》!!
でもお豆腐《とうふ》はさっきの店《みせ》のほうが安《やす》かったよ！
いいところに気《き》がついたな！
この店《みせ》より安《やす》いものがないとさっきの店《みせ》が潰《つぶ》れちゃうから？
この店にしか来なくなっちゃって
チラシでいろんな店《みせ》の値段《ねだん》がわかるもんね！
よし！よく考《かんが》えてる！
オヤジの鉄則《てっそく》
買《か》い物《もの》で経済《けいざい》を学《まな》べ!!
じゃあこの店《みせ》で魚《さかな》買って
さっきの店《みせ》で豆腐《とうふ》買《か》うか！
え！
なんだ？
車《くるま》で戻《もど》るガソリン代《だい》は？
計算に入れた？
むむむ…

カッ
スーパーは やめだ！ 根本的《こんぽんてき》に 作戦《さくせん》を 変《か》えるぞ!!
なに なに？
しおんー 帰《かえ》ったぞーー
ずいぶん 遅《おそ》かった わね…
ガヤガヤ…
ん？ なんだか にぎやか…？
おじゃま しまーす
ゾロ
商店街《しょうてんがい》の人《ひと》と 仲《なか》よくなって な!!
ゾロ
食事《しょくじ》を 用意《ようい》して くれ！
はーーー!?

でもお客様には
宝槻《ほうつき》の家内《かない》です
すぐお支度《したく》しますね
ガソリン代《だい》の半分以上《はんぶんいじょう》を食材《しょくざい》に使《つか》ったわね!!
あの商店街《しょうてんがい》は高《たか》いって言《い》ったのに!!
バタン
太陽系惑星《たいようけいわくせい》の配列《はいれつ》!
※水金地火木《すいきんちかもく》土天海冥《どてんかいめい》!
リンカーンの演説《えんぜつ》!!

Four《フォー》 score《スコア》 and《アンド》 seven《セブン》 years《イヤーズ》 ago《アゴー》 our《アワ》 fathers《ファーザーズ》…

すごい!

お利口《りこう》なお子《こ》さんですねー!!
※現在《げんざい》、冥王星《めいおうせい》は準惑星《じゅんわくせい》の扱《あつか》い。
私《わたし》は教育《きょういく》には一家言《いっかげん》持《も》っておりましてね
ハーバードで講義《こうぎ》したこともあるんですよ!
ふっ…
※「本当《ほんとう》かどうか不明《ふめい》です(笑《わら》)」(長男《ちょうなん》・泰伸《やすのぶ》)
そんなすごい先生《せんせい》のお宅《たく》に呼《よ》んでいただけるなんて!
お子《こ》さんの勉強《べんきょう》いつでもみますよ!
コト
調子《ちょうし》に乗《の》って〜!!

ぐぉーっ
まったく…
ガタン!!
はっ
子《こ》ども部屋《べや》から!?
タタタッ
どうしたの!?
やめなさいカズ!
お兄《にい》ちゃんになんてことするの!
ぐっ
え!?
カズはお母《かあ》さんのことで
おれのこと怒《おこ》ってたんだよ
オヤジと調子《ちょうし》に乗《の》ってお母《かあ》さんに苦労《くろう》させてる…って…
頭《あたま》ごなしに怒《おこ》ってごめんね
あのさあ…

オヤジさ…
メチャクチャなとこも多《おお》いけど…
ちゃんと考《かんが》えてるよ
みんなのこと
どどん!
奥《おく》さん
ありがとうございます!
先生《せんせい》が商店街《しょうてんがい》にいろんなアドバイスをくださって!
大手《おおて》スーパーに対抗《たいこう》する活力《かつりょく》が湧《わ》きました!
豆腐屋さん
魚屋さん
こんなにたくさん…
かえってすみません
が…
感謝《かんしゃ》されたうえに
ちょいちょい差《さ》し入れももらえそうだな!
カネより頭《あたま》を使《つか》うほうが向《む》いてるからな!
おれは!
酒屋でワインももらった!!
まったくこの人は…
おさしみあげー!
オヤジの鉄則《てっそく》
ご近所《きんじょ》さんを味方《みかた》につけて食費《しょくひ》を浮《う》かせ!!
それからしおん
来週《らいしゅう》の週末《しゅうまつ》なんだが…

わーーー!
お母《かあ》さんキレイ!!
酒屋《さかや》の屋上《おくじょう》が花火《はなび》のベストスポットらしくてな!
一家《いっか》でお邪魔《じゃま》していいのかしら?
「先生《せんせい》ぜひみなさんで」ってな!
ガハハ
なにしろおれは「先生」だからな
ボソ
カズお母《かあ》さんの和服姿《わふくすがた》は
最高《さいこう》だな
本人《ほんにん》に言《い》えよ…

解説

アクシデントが子どもをぐんと伸ばす

旅館に泊まりにいったはずでした。ところが、たまたま通りかかった山道の駐車場で、キャンプを楽しんでいる一行を見かけます。

普通の家族なら、

「キャンプを楽しんでいる人がいるね」

「そうだ、今度、キャンプに行こうか」

という程度の会話で終わるのでしょうが、宝槻家は（というよりオヤジは）そうではありません。案の定、「キャンプをしよう」と言い出しました。

もちろん、テントなどのキャンプ道具を持ち合わせていませんし、誰ひとり、キャンプ経験がありません。それでも思いついたことは実行しないと気が済まないのがオヤジです。麓まで戻り、キャンプ用品を購入し、いざキャンプへ。

ですが雨に降られ、お腹も空き……。大袈裟《おおげさ》ではなく、まったく漫画の通りです。隣のキャンパーのところに図々しくおしかけ、いろいろとお世話になったのでした。

オヤジは、玄人集団――いわばキャンプの「プロ」からの情報収集に余念がありませんでした。「餅は餅屋」のことわざ通り、「その道のプロに聞く」というのは、オヤジの変わらない姿勢です。

この時の失敗にめげず、宝槻家の「キャンプ」は、恒例行事になっていきます。私自身、家族を離れてからも、大学生、社会人……とキャンプを楽しみました。現在も、子ども5人を連れて、キャンプを満喫しています。

実際に手や体を動かしてみる

実はキャンプには「身体を使う」「自然を知る」という重要な体験が潜んでいます。

私たちの生活は、「身体」や「自然」とかけ離れています。例えば「食べるもの」は、スーパーに売っていて、自然になっている実をとって食べる、ということはありません。パックの中の刺身が、海とつながっていることも実感しませんし、ポテトサラダが地中のバクテリアと結びつくことはありません。

ところがキャンプに行くと、この「つながり」を実感します。目の前で泳いでいた魚をとって、焼いて食べる。野草や野いちごの味、わき水のおいしさ。こうした体験は、それまで「小さな世界」で暮らしていたことを教えてくれました。世界は広かったのです！

もちろん、知識として、泳いでいる魚が刺身になっていることを知ることはできます。ですが、「魚をとって、食べる」というリアリティは、知識として学ぶことはできません。「体感」が必要です。キャンプは、それを手っ取り早く、学ばせてくれるのです。

探究学舎では、実験など「実際に手や体を動かしてみる」ということを大事にしています。これ、キャンプの応用なんですね。子どもたちは、「リアルな体験」から刺激を受け、好奇心を膨らませていくのです。


キャンプに何度も行くようになると、誰に言われたわけでもないのに、自発的な創意工夫をするようになります。

例えば、小刀で木の枝を削って串を作り、魚に刺す。大きな葉っぱを探してきて、即席の傘を作る。こうした「小さな成功体験」は、「もっと！」という探究心を呼び起こします。

銛《もり》を自作して、魚を突いたこともありますし、火をおこすのもお手の物になりました。

ここには、「誰かが用意してくれたレール」がありません。自分で道を切り開く必要がある。これが楽しいんですね。

勉強でも同じです。「言われたことをやる」というところにとどまっているだけでは、面白くも何ともありません。「勉強がつまらない」のは、自分で工夫する余地がないから。勉強が好きな子に共通しているのは、自分で勉強の仕方を編み出しているところです。

宝槻家の3兄弟にとって、オヤジの思いつきから始まった「キャンプ体験」は、結果的に「自分で考えて、自分の環境を面白くする」という方向に向かいました。自分で考えたという体験が、大きな財産になったのです。

リアル家庭教師を用意

キャンプでは、たまたま隣り合った「キャンプ好きの玄人集団」に、オヤジは教えを請いました。

この「プロに教えを請う」というスタンスは、首尾一貫していました。

漫画の中で、商店街の人たちと仲良くなって「先生」と呼ばれていますが、この関係は状況によって変わります。「大手スーパーに商店街が対抗するにはどうしたらいいか」というような経営コンサルティングの分野は、オヤジの専門です。だから「先生」としてアドバイスする。

ですが、「豆腐の作り方」や「いい野菜の見分け方」は、商店街の人たちに敵いません。なので、彼らから教えを請うのです。

実際、わが家には、「父の友人」のみなさんがしょっちゅう、訪れていました。近所の豆腐屋のおじさん、バス停でたまたま知り合ったイスラエル人、公園でギターを弾いていたところ「うまい！」とオヤジに家に連れてこられたお兄さん、旅行好きの主婦、オーケストラの指揮者、彫刻家、小説家……。

面識のない人も家に引っ張り込むので、迎え入れる母はたいへんだったと思いますが、こうした「バラエティーに富むユニークな人」たちは、子どもたちにとっての「リアル家庭教師」でした。彼らの語る世界、披露してくれるワザに、うっとりしたのです。俄然、興味もわいてきますし、世界はいちだんと広がっていきました。

いま、子どもたちが「夢を描けない」ことが大きな問題になっています。「ゲームばかりで他に興味がない」「やりたいことが見つからない」。ご自分のお子さんを見て、そんなふうに心配しているかたも多いのではないでしょうか。

「夢を描けない」要因のひとつは、親と先生以外の大人がまわりにいない、という環境にあります。社会が均一化してしまい、親のつきあいも限られていますので、子どもにとってのロールモデルが少なすぎるのです。

例えば、小学生男子の「なりたい職業」、何だと思いますか？　1位は会社員、2位はユーチューバーです（2023年、第一生命「大人になったらなりたいもの」アンケート調査）。多くの子どもたちにとって身近に感じられる大人は、会社員とユーチューバーしかいないのかもしれません。

オヤジが家に招いた「リアル家庭教師」は、「こんな大人もいる！」と3兄弟の目を見開かせてくれました。

例えば三男は、海洋写真家が見せてくれたマッコウクジラの写真と体験談にすっかり魅了され、しばらくクジラの図鑑ばかり見ていました。いまでも素潜りを趣味にしています。次男は、「手裏剣の達人」という謎の人物に惚れ込んでしまいましたが……。

こうした「親や先生以外の大人」との出会いは、将来の人生を選択するためのシミュレーション、反復練習になりました。「どんな大人になりたいか」という夢や将来像を描くための格好の材料になったのです。

もちろん、「リアル家庭教師」のすべてに、3兄弟が反応したわけではありません。「へー」や「ふーん」で通り過ぎてしまったこともあります。ですが、いろんなタイプの大人たちと交わってきたことが、現在の人生を実りあるものにしてくれています。

第4章

寄り添うこと、向き合うこと

子育ては山あり谷あり。学校でのイジメもあれば、思春期の悩みもあります。その時、どれだけ真剣に子どもにつきあうかが勝負どころ。ただし抱え込むのはだめ。周囲に頼ってもいいのです。

引《ひ》っ越《こ》し先《さき》でも あっという間《ま》に 打《う》ち解《と》けてしまった 夫《おっと》ですが…
太陽系《たいようけい》 惑星《わくせい》の配列《はいれつ》！
子《こ》どもたちの世界《せかい》は けっこう大変《たいへん》なようで…
宝槻家《ほうつきけ》 長男《ちょうなん》 ヤス・中《ちゅう》2
宝槻《ほうつき》くんて なんでも 知《し》っとるとね！
今までにいなかった タイプ♡
なんでも ってことは ないけど…
え〜〜♡ すごい ものしり やわー♡
宝槻《ほうつき》 くん！
ちょっと伝言《でんごん》 頼《たの》まれて 体育用具室《たいいくようぐしつ》で 待《ま》っとるって
やべ 告《こく》られちゃう とかかな♡
体育用具室《たいいくようぐしつ》
転校生《てんこうせい》… ちょーし乗《の》ってる みたいやね〜
こら！
これでも中3です
扉《とびら》ロック音《おん》
カチャ。
ヒント8
子《こ》どもの トラブルに 寄《よ》り添《そ》う

ただいま
——
おかえ…
え？
たたた。
ヤッちゃん
どうしたの!?
ケガしてる
じゃない
平気《へいき》
ほっといて
キィ。
ヤス！
ケガしたん
だって？
どうした？
ケンカか？
…
30分《ぷん》経過《けいか》
おれを
一番《いちばん》
慕《した》ってる
ヤスが…
ただごとじゃ
ないな…

ウォッホン！
オヤジ？
おーー さっきからずっといるぞ
モゾ…
ケガ見《み》せてみろ！
ケンカに負《ま》けたんじゃみっともなくてお母《かあ》さんに見《み》せられないんだろ！
救急
ケンカじゃないよ あんなの
あんなの？
明日《あした》学校《がっこう》休《やす》む
モゾ…
…ダメだ！
学校《がっこう》に行《い》く時間《じかん》が惜《お》しいくらいほかにやりたいことがあるなら休《やす》んでもいい
そうでなければ休《やす》んじゃイカン
オヤジの鉄則《てっそく》
子《こ》どもが逃《に》げることを許《ゆる》すな！

イテ!
そりゃいてーだろ
けっこうやられてるな…
ヤス ケンカ弱《よわ》くねえのにな!
相手《あいて》はそんな強《つよ》かったか
強《つよ》いっていうか…
これでも中3です
こんなヤツらだよ
なかなかのガタイだな! しかし
年下《としした》を待《ま》ち伏《ぶ》せて密室《みっしつ》で3人《にん》がかりとは反則《はんそく》だなぁ
そんなのが相手《あいて》じゃ
さすがのお前《まえ》も無理《むり》だよなぁ…
ヤッちゃんは?
おれ見《み》てこようか?
三男《さんなん》・マサ 小《しょう》4
次男《じなん》・カズ 中《ちゅう》1
いや いい
ヤスの分《ぶん》は部屋《へや》に運《はこ》んでやれ
はい

大丈夫《だいじょうぶ》かな…
そんなひどいヤツらに狙《ねら》われたの？
マジやべーよ
ヤッちゃんとマサは目《め》ぇつけられやすいもんな
和を尊ぶおれと違って
マサもあったじゃん
低学年《ていがくねん》のころ
転校先《てんこうさき》でガキ大将《だいしょう》をやりこめたら
「宝槻《ほうつき》くんにいきなりバットで殴《なぐ》られた」とみんなに嘘《うそ》つかれ
フン!
マサ号泣《ごうきゅう》！&《アンド》オヤジ激怒《げきど》!!
おれそんな卑怯じゃない…
本人《ほんにん》やってねえって言《い》ってるぞ
ゴラ
先生
あの後《あと》ヤッちゃんとカズくんが教室《きょうしつ》に来《き》てくれたよね…
卑怯《ひきょう》な手《て》で弟《おとうと》をキズつけたら許《ゆる》さねーから
今回《こんかい》は…おれらじゃ助《たす》けてやれない
大丈夫《だいじょうぶ》！おれにまかせろ！
ニッ…
え!?

ただいまー
ちゃんと学校に行った
ひ!
ダダダダダ
バタン!
ドッキドッキドッキ
何《なに》!?
なんで!?
オヤジ何《なに》やってんだ―――!?
すみませんっした――!
ごちそーさまっした――!
さ…
あいつら帰《かえ》った…?
ヤス
ギャ
ぬっ
ニッ…
安心《あんしん》しろ
さっきのヤツら全員《ぜんいん》…

ホーツキ
ガーン
おれの舎弟《しゃてい》にしたからな！
は——!?
ははば〜!
ブッ
オ…オヤジ
何《なに》したの…？
麻雀《マージャン》教《おし》えて相撲《すもう》とってメシ食《く》わしてやっただけだ！
がはは
横《よこ》で見《み》ていた母《はは》の解説《かいせつ》
一、麻雀《マージャン》（不良《ふりょう》が食《く》いつく）に誘《さそ》って教《おし》えてあげつつ負《ま》かし
来いよ
ウス
二、庭《にわ》で相撲《すもう》とって腕《うで》っぷしを見《み》せつけ
どりゃっ
三、弱い者イジメすんじゃねーぞ!!
ガー!!
特におれの息子…
…とおどした後《あと》
四、私《わたし》の勝負《しょうぶ》メニューをごちそうし
う…うま〜♡
…すっかりなつかせちゃった
オヤジ…

やっぱすげー!!
フッ…あたりまえだハハハ
長男《ちょうなん》ビジョン
私《わたし》はどうかと思《おも》うところもありますよ
子《こ》どものトラブルに親《おや》が介入《かいにゅう》して…
違《ちが》う! ヤスは怯《おび》えてた! 子《こ》どものキャパを超《こ》えた問題《もんだい》には
親《おや》が出《で》るべきなんだ!!
オヤジの鉄則《てつそく》
子《こ》どもの状態《じょうたい》を見極《みきわ》めて助《たす》けてやる!
あの子《こ》たちだって学生《がくせい》なのに昼《ひる》から連《つ》れ込んで!
もう!
むう
寝《ね》る!
本当《ほんとう》にメチャクチャ…
宝槻《ほうつき》…
ビク
くん! オヤジさんによろしく!
ペコ
でもそんな夫《おっと》に感謝《かんしゃ》です!!

↖ヒント9へGO!

ホーツキ3兄弟《きょうだい》も成長《せいちょう》し
対人《たいじん》トラブルに関《かん》する悩《なや》みも乗《の》り越《こ》えて
これでも中3です
学校《がっこう》の成績《せいせき》はそれなりによく
おれに間違いはない!!
長男《ちょうなん》が進学校《しんがくこう》に入学《にゅうがく》しました!!
宝槻家長男《ほうつきけちょうなん》
ヤス 高《こう》1
A高生《エーこうせい》か! 将来有望《しょうらいゆうぼう》やねー!!
知らない人
フフーン♪
ぺこり
普通《ふつう》に勉強《べんきょう》して高校《こうこう》入《はい》っただけなのにね
日本《にっぽん》はまだまだ学歴社会《がくれきしゃかい》だからな!
いい学校《がっこう》出《で》ときゃあいろいろラクってことだ!
えー
テストの点《てん》なんて気《き》にしたことなかったけどそんなもんなの?
ヒント9
子《こ》どもの悩《なや》みには真剣《しんけん》に向《む》き合《あ》う

A高生《エーこうせい》は眠《ねむ》らない！
睡眠時間《すいみんじかん》は4時間《じかん》に抑《おさ》えて勉強《べんきょう》だ!!
そして夏休《なつやす》みも…
びっしり。
スケジュール表
夏期講習《かきこうしゅう》が毎日《まいにち》ある！
は──!?
休《やす》みないじゃん!!
自由参加《じゆうさんか》だ！出《で》なくても構《かま》わんぞ！
人生《じんせい》の落伍者《らくごしゃ》になりたければな！
アホくさ…
夏休《なつやす》み一緒《いっしょ》にキャンプしよーぜ！
は!?

何言《なにい》ってんの 宝槻《ほうつき》!
夏期講習《かきこうしゅう》は!?
は——!? 出《で》んの!?
おれらまだ 1年《ねん》だぜ!?
それに 勉強《べんきょう》なんか 家《いえ》でもできるだろ!?
毎日《まいにち》出《で》るよ
おれも
うえ!?
部活《ぶかつ》だってあるじゃん!?
テニス部仲間→
部活《ぶかつ》なんて 内申点《ないしんてん》あげるための お飾《かざ》りだろ?
!?
A高《エーこう》で夏《なつ》に 部活《ぶかつ》やるヤツなんて いねーよ
てことは… アヤちゃん♡との
テニス部《ぶ》サマーも なし——!?
ガァァ〜ン

夏休《なつやす》みに
毎日《まいにち》
夏期講習《かきこうしゅう》？
母《はは》・しおん
ヤッちゃんも出《で》るの？
うん
とりあえず
アヤちゃん♡に会《あ》えるし
え——!?
つまんねー夏休《なつやす》み！
A高《エーこう》はそーゆーとこなんだって！
フウ
次男《じなん》・カズ
中《ちゅう》3
三男《さんなん》・マサ
小《しょう》6
ガキにはわかんねーんだよ！
おれがガキならお前はジジィだ!!
ふーん…
フフフー..
高校生《こうこうせい》にもなれば授業《じゅぎょう》より楽《たの》しいこともあるよな！
学校《がっこう》に！
ニヤー!。
ガハハ
え！
ドキ。
1年B組
美人《びじん》か？
なんでわかるの!?
デリカシーのないオヤジ…

かわいー♡
♡
チラ
宝槻《ほうつき》！
やべ！
前《まえ》に出《で》て この問題《もんだい》 解《と》いてみろ！
すらっ
すらっ
ふむ 正解《せいかい》！
予習はしてるんだな
更に いいとこ 見せる！
きり
この公式《こうしき》の元《もと》になった ガウスの逸話《いつわ》が すごいんですよね!!
天才《てんさい》数学者《すうがくしゃ》ガウスが小学生《しょうがくせい》の時《とき》「1～100までの数《かず》を全部《ぜんぶ》足《た》すといくつ？」と教師《きょうし》からクイズを出《だ》され
教師《きょうし》は「どうせ解《と》けないだろう」とその間《あいだ》に彼《かれ》の課題《かだい》を片《かた》づけようと…
宝槻《ほうつき》!!
受験《じゅけん》に関係《かんけい》ない話《はなし》に 時間《じかん》をさくな！
席《せき》に戻《もど》れ！
ガーーン!!

行《い》ってきまーす!!
勉強がんばってね!!
キャンプいいな…
くそ!
毎日毎日《まいにちまいにち》…
宿題《しゅくだい》までこの量《りょう》って…
高校《こうこう》ってこんなのかよ! 机《つくえ》に向《む》かってばっかで…
1度《ど》しかない青春《せいしゅん》なんだぜ? 1度《ど》しか…
長男《ちょうなん》の不満《ふまん》と疑問《ぎもん》は…
日《ひ》に日《ひ》にふくれあがっていきました…
A高生《エーこうせい》は恋愛禁止《れんあいきんし》!!
2学期《がっき》
ヤスはまた学校《がっこう》休《やす》んでるのか?

ええ
2学期《がっき》に入《はい》って休《やす》んでばかり…
オヤジとの勉強《べんきょう》は
楽《たの》しかったのになぁ…
学校行きたくない
ドロップア
勉強がつまらなくなった
おれって
もう
終わりの
落伍者
ぐ…
オヤジ
相談《そうだん》が…
高校《こうこう》
辞《や》めたい

いいよ
え!?
え———!?
え!? 本当《ほんとう》に!?
ああ
オヤジの鉄則《てつそく》
子《こ》どもの悩《なや》みは受《う》け止《と》めてやる!!
ただし条件《じょうけん》が2《ふた》つある!
次《つぎ》の期末試験《きまつしけん》で学年《がくねん》1位《い》をとれ!!
ガリ ガリ ガリ ガリ…
オヤジの鉄則《てつそく》
負《ま》けたまま逃《に》げることを許《ゆる》すな!!
2《ふた》つめの条件《じょうけん》は…
お前《まえ》京大《きょうだい》に入《はい》れ!!
え!? あ うん わかった!
え——!?
こうして長男《ちょうなん》は高校《こうこう》を辞《や》めて**京大**《きょうだい》を目指《めざ》すことになったのです!!
オヤジの鉄則《てつそく》
高《たか》い目標《もくひょう》を示《しめ》して立《た》ち上《あ》がらせろ!!

ヒント10へGO!

高校《こうこう》を辞《や》め
えっ!? あ…うん わかった!
夫《おっと》の指導《しどう》で京大《きょうだい》を目指《めざ》すことになった長男《ちょうなん》ですが…
「高校《こうこう》辞《や》めたい」と口《くち》にするまでにはいろいろな葛藤《かっとう》がありました
辞《や》めたい理由《りゆう》は…
宝槻家《ほうつきけ》 長男《ちょうなん》
ヤス・高《こう》1
「受験《じゅけん》だけに絞《しぼ》った今《いま》の高校《こうこう》の方針《ほうしん》に魅力《みりょく》を感《かん》じない」から?
いやただおれが根性《こんじょう》ないだけ?
でも子《こ》どものころは勉強《べんきょう》そのものが楽《たの》しかった
今《いま》楽《たの》しくないから逃《に》げようとしてるのかな?
自分《じぶん》がわからない…
心底《しんそこ》悩《なや》み迷《まよ》ったおれが訪《たず》ねた相手《あいて》は
ヒント10
思《おも》い切《き》って他人《たにん》に頼《たよ》る
オヤジと双璧《そうへき》をなす「最強《さいきょう》の教師《きょうし》」のもとでした…!!

和尚《おしょう》さんとの出会《であ》いは3兄弟《きょうだい》が小学生《しょうがくせい》のころ…
突然《とつぜん》すみません こちらでお茶《ちゃ》を教《おし》えていただけるとうかがって…
ぜひ子《こ》どもたちにも体験《たいけん》させたいと 行儀が悪いので…
宝槻家《ほうつきけ》の母《はは》 しおん
住職の奥さま
ぜひどうぞ! お子《こ》さんのご参加《さんか》も大歓迎《だいかんげい》ですよ
お茶《ちゃ》なんてめんどくさ…
お母《かあ》さんが喜《よろこ》ぶなら…
長男《ちょうなん》 ヤス 当時小《とうじしょう》6
次男《じなん》 カズ 当時小《とうじしょう》5
三男《さんなん》 マサ 当時小《とうじしょう》2
お菓子♡
失礼《しつれい》!!
ガラ
ララ
ど
ん!!
……
あなた!

靴《くつ》をそろえずにあがってきたのはお前《まえ》たちかーー!?
ご
ごめんなさい!
直《なお》してきます!
たたた
たたた
あれ?おれたちの靴《くつ》は?
母の靴だけ…
あ!
あんなとこに!?とばされてる!!
ヤバい!奥《おく》さんの笑顔《えがお》で油断《ゆだん》した!
和尚《おしょう》さんオニ怖《こわ》だーーー!!
すみません!
な直《なお》しました!!
スッ
ドキィ!!
よしよし!
わっはっは!菓子食え!!
この強烈《きょうれつ》な和尚《おしょう》さんは…

独特《どくとく》な方法《ほうほう》で人生《じんせい》を教《おし》えてくださるのです
たくさんあるからな！好《す》きなだけ採《と》りなさい
きれいでうまそうなやつを♡
当時中《とうじちゅう》1
あーん…
かぷっ
渋《しぶ》！
え!?
渋柿《しぶがき》だ！
ぐっしっし
ぎゃ！こっちも！
ひどいよ和尚《おしょう》さん!!
ニヤー。。
きれいな実《み》ばかり採《と》るからじゃ！
『百目柿《ひゃくめがき》』と言《い》ってな斑点《はんてん》や傷《きず》だらけの実《み》は甘《あま》く熟《じゅく》しとるがぴかぴかの実《み》はまだ渋《しぶ》い!!
外見に惑わされちゃいかんのだ！
やられた!!
こんな調子《ちょうし》で
別《べつ》の日《ひ》子《こ》どもたちのお寺合宿中《てらがっしゅくちゅう》
「一寸《いっすん》の虫《むし》にも五分《ごぶ》の魂《たましい》」と言《ゆ》うてな決《けっ》して…
えらいお坊さん

殺生《せっしょう》はいかん
うるさい蚊《か》め！こうしてくれるわ！
蚊《か》→
時《とき》には自《みずか》ら矛盾《むじゅん》した行動《こうどう》を見《み》せ…
現在《げんざい》
急《きゅう》に訪《たず》ねてすみません
ふむ…
でも　とても…
何《なに》をそんなに悩《なや》んでおる？
!!
人《ひと》をよく見《み》ていらっしゃる
今《いま》の学校《がっこう》の勉強《べんきょう》のしかたに疑問《ぎもん》を感《かん》じるんです
学ぶことは楽しいはずなのに…
長男《ちょうなん》は悩《なや》みのすべてを打《う》ち明《あ》けました
「勉強《べんきょう》したこと」のすべてが自分《じぶん》の生活《せいかつ》とつながっている
だからこそ意義《いぎ》があるはず…
10代《だい》の青春《せいしゅん》をつぶすやりかたが納得《なっとく》できないし
友達《ともだち》はなぜ疑問《ぎもん》を感《かん》じないんだろう？
でも学校《がっこう》辞《や》めてしまったら望《のぞ》むような仕事《しごと》に就《つ》けるか不安《ふあん》で…
「すべて吐《は》き出《だ》した」
ふむふむ
そう思《おも》った時《とき》…

※季節《きせつ》はずれの蝉《せみ》は枯《か》れ木《き》を抱《だ》いてただひたすら鳴《な》く。その先《さき》に答《こた》えがあるから鳴《な》くわけではない。

どうも相当悩《そうとうなや》んでるようで
今《いま》の高校《こうこう》に合《あ》わないんですな！
学校教育《がっこうきょういく》ってのは学《まな》びの本質《ほんしつ》をわかってないんですよ！
私《わたし》が学生《がくせい》のころは校内《こうない》に大革命《だいかくめい》を起《お》こしたもんだ！
息子《むすこ》がこんなにも悩《なや》まされるならいっそ…
私《わたし》が学校《がっこう》に乗《の》りこんで…
え!?
お!! 名案《めいあん》が浮《う》かんだ!!
は!?
お前《まえ》にタイタイコウという名《な》をやろう！
は？
タイタイコー？
ニヤ。
お前《まえ》が才気《さいき》あふれる人物《じんぶつ》なのは
よーくわかる！しかし…

人《ひと》は謙虚《けんきょ》でなくては魅力的《みりょくてき》になれん
お前《まえ》のような者《もの》こそ「退《しりぞ》く」のが大事《だいじ》!
お前《まえ》の場合《ばあい》「退《しりぞ》く」くらいでは足《た》りん!
「退《しりぞ》いてまた退《しりぞ》いて耕《たがや》す」命名《めいめい》『退々耕《タイタイコウ》』どうじゃ!
ズーン
あなた! ヤッちゃんは…
明日《あした》戻《もど》るそうだ!
よかった~
で?
タイタイコーって…?
ヤッちゃんに何か!?
かくかくしかじか
ぷっ
笑《わら》うな
かくしてこの後《あと》高校《こうこう》を中退《ちゅうたい》した長男《ちょうなん》ですが…
勉強《べんきょう》するぞ!!
「学《まな》ぶことを楽《たの》しみながら受験《じゅけん》にも成功《せいこう》!!」って具体例《ぐたいれい》にお前《まえ》がなれ!!
受験《じゅけん》なんてまだ先《さき》だろ?
どーなることやら!?

解説

子どもの補助輪になる

わが子が不良にいじめられたら、その不良たちを手なずける。

「高校、辞めたい！」とわが子が言ってきたら、あっさり「いいよ」と返す。

どれをとっても難易度の高い行動です。ですが、このオヤジの行動の本質を捉えると、実は難しいことではありません。

オヤジの3兄弟に対するスタンスは、ただひとつ。

「息子なら、きっとうまくいくはずだ」

あのキャラクターで、自信たっぷりに、3兄弟のことを信頼してくれていたのです。そこが揺らがないので、自分たちもオヤジの言うことを信じることができたのでしょう。

振る舞いに関しても一貫していました。

「自転車の補助輪になること」

これだけです。

最初は、乗り方を教えます。そして、まるで補助輪のように、子どもたちに伴走します。漫画や本を買い与えたのも、これですね。そして、ここぞというタイミングで補助輪を外す。イジメに対し、実力行使にでたのも、オヤジにとっては補助輪の一環なのです。子どもが必要としているならば、支える。大丈夫なら手放す。その繰り返しです。といっても長期計画があったわけではなく、行き当たりばったりなのですが。

この「信頼」と「補助輪」の家庭教育の方針は、両親で共有されていました。

父親が、巻き込んだり、怒ったり、たしなめたり……という「力（パワー）」を前面に出すスタイルなのに対し、母親は、「あなたはあなたでいいのよ」という受容スタイル。「愛」に満ちていました。

「充分に素敵よ」

「そういうところがカッコいいわね」

「いまのままでいいのよ」

母の口癖です。肯定的な言葉で、3兄弟を包み込んでくれていました。

両親から信頼され、認められていたことで、3兄弟は「自己肯定感」を持つことができたのでしょう。これが、人としての土台や石垣となりました。その上に、城を築くのは、自分たちの役割ですが、土台がもろければ、砂上の楼閣です。「信頼」と「補助輪」の家庭教育は、大人になっても決して崩れない、土台を作ってくれていたのです。

「高校を辞めたい……」

とはいっても「高校を辞めたい」と子どもから言われたら、頭を抱えますよね?

当時、宝槻家は宮崎県に居を構えていました(これもオヤジの「もっと自然の中で暮らしたい」という思いつきでした)。

私はあまり考えずに、家の近くの公立進学校に進んだのですが、ここが、受験特化型の高校でした。一流大学に合格することがゴールで、そのために逆算して、カリキュラムが組まれていました。勉強以外のことをするのは「時間の無駄」と切り捨てられ、「自由」などという言葉もなく、学校中が受験へと邁進していました。

先生からはこう言われ続けました。

「本を読むな、恋愛はするな」

「勉強は質より量だ」

「偏差値を上げろ！」

こういう高校のあり方は、私にとっては苦痛でしかありませんでした。なぜならばここには「勉強は楽しい！」という思想が、これっぽっちもなかったからです。この学校では、勉強は楽しむものではなかったのです。私は次第に追い込まれ、高1の1学期が終わる頃には、学校を休みがちになっていました。

意を決し、オヤジに告げました。「高校を辞めたい」と。

するとあっさり、OKがでてしまったのです。

調べると、通信制高校や大検（現在の高等学校卒業程度認定試験）などの制度があり、高校を退学しても、別のルートがあることがわかりました。結局、1年だけ我慢して高校に通って辞めました。たいへんだったのは、1歳年下の次男です。兄が高校を辞めたことで、「お前も高校に行かなくていいんじゃないか？」とオヤジが言い出したのです。

次男は渋々（言いくるめられて）高校入学を諦め、大検コースへ。しかもこの時、兄弟共に「どうせなら、京大に行け！」というオヤジの方針が立てられます。その後、三男も巻き込まれ、「京大3兄弟」へと走り出すのですが、それはもう少し先の話です。

私がオヤジに感謝しているのは、「高校を辞めたい」という切羽詰まった決断に対し、私を信用して、その判断を尊重してくれたことです。いつでも「味方」でいてくれたのです。これがとても大きかったと、いまになって思います。

親だけで抱え込まない知恵

ですが、親だけでは解決できないことも、世の中には多々あります。抱え込んでしまって、にっちもさっちもいかなくなる、ということはよくあることです。

そんな時、どうするか。

親だけで育てない、ということです。周囲や友人を巻き込んでしまえばいい。

宝槻家では、こういう時にも、例の「リアル家庭教師」の出番となります。中でも最強の教師は、漫画にも登場している和尚さんでしょう。母親が子どもにお茶を習わせたくて、選んだ茶道の先生が、お寺の奥さまでした。つまり茶道の先生の旦那さんが、この和尚さんなのです。小柄な和尚さんですが、すさまじい胆力と知恵の持ち主で、さすがのオヤジも、よく負かされていました。

このお寺で、子ども向けの坐禅の合同合宿がありました。

坐禅を組んでいると、警策《けいさく》を持った和尚さんが見回りにきます。真剣に座っていると、顔の横でおならを「ブブブブブ～」。思わず笑ってしまったら、「たるんどる！」と警策をバシッ！

まったくもって矛盾しているのですが、この「矛盾」が、実は思考を加速させます。ふざけているのか、真面目なのか。何が本当で、何が正しいのか。混乱の極みなのですが、だからこそ自分で考え始めます。

「これが正しい答えだ」と、ひとつの正解を押しつけるのではなく、さまざまな可能性や矛盾を目の前に並べ、考えさせる。迷うことも時には必要だ、というのが和尚さんの考えだったのでしょう。

親や先生以外の大人の言葉は、子どもにさまざまな影響を与えます。その機会が多ければ多いほど、子どもは考え、学んでいきます。子育ては自分たちでやらなければ、と抱え込んでいては、その機会が与えられません。

困った時は、「親だから」と自分だけで抱え込まず、周囲を頼る。それでいいのです。

第5章

子どもと旅に出よう

実際に見る。触る。感じる。その場に行かなければ体験できないものを、宝槻家は大切にしていました。その最たる体感の場は「旅行」。いろんな人と出会い、多様な価値観を身につけました。

京大受験《きょうだいじゅけん》に向け
長男《ちょうなん》の気持《きも》ちも
しっかりと固《かた》まり
本格的受験勉強《ほんかくてきじゅけんべんきょう》
スタート!!
——と思《おも》いきや…
え———!?
だから…
家族旅行《かぞくりょこう》に行《い》くぞ!!
欧米《おうべい》に2か月《げつ》!
すげーだろグハハ!
な
なんで今《いま》!?
宝槻家長男《ほうつきけちょうなん》・ヤス
16才《さい》(高校中退《こうこうちゅうたい》)
そんなお金《かね》あるの!?
三男《さんなん》・マサ 小《しょう》6
おじいちゃんが亡《な》くなったからね…
遺産を少しいただいたの
母《はは》・しおん
待《ま》って!
大事《だいじ》な問題《もんだい》が…
次男《じなん》・カズ 中《ちゅう》3
旅行のスケジュール
おれの高校受験《こうこうじゅけん》の日程《にってい》とかぶるんだけど!!
おまえも高校《こうこう》行かねぇで京大目指《きょうだいめざ》せよ(笑《わらい》)
え———!?
ヒント11
生《なま》の感動《かんどう》を手《て》に入《い》れる

次男《じなん》の問題《もんだい》は後《あと》で語《かた》ります（笑《わらい》）
家族《かぞく》で欧米《おうべい》へ旅立《たびだ》ちました!!
デタラメ家族!!
2か月《げつ》の旅程《りょてい》はもちろんオヤジセレクト!!
みっちりつめこんだぞ!!
1．米西部《べいせいぶ》：ロサンゼルス
→サンフランシスコ
現地《げんち》のリアルに触《ふ》れる
2．カナダ：バンクーバー
大自然《だいしぜん》！
3．米東部《べいとうぶ》：ボストン、ニューヨーク
ワシントン
米中心部《べいちゅうしんぶ》＆《アンド》大学見学《だいがくけんがく》！
⇩
その後《ご》、ヨーロッパ周遊《しゅうゆう》
（伊《い》、スイス、仏《ふつ》、英《えい》）へ！
美術館見学《びじゅつかんけんがく》!!
3兄弟《きょうだい》にとって初《はつ》の海外旅行《かいがいりょこう》です!!
※MIT《エムアイティー》楽《たの》しみだな〜
ZZ…
おれ発音《はつおん》とか大丈夫《だいじょうぶ》かな!?
わー！あったかいねーー!!
ロサンゼルス国際空港《こくさいくうこう》
空気《くうき》が日本《にっぽん》となんか違《ちが》う！
気候《きこう》も人種《じんしゅ》も食《く》い物《もの》も日本《にっぽん》とは違《ちが》うからな
外国人《がいこくじん》が日本《にっぽん》に来《く》るとしょうゆの匂《にお》いがするっていうよね
↑レンタカーで移動します。

※マサチューセッツ工科大学《こうかだいがく》。ハーバードと並《なら》ぶ世界《せかい》最高《さいこう》ランクの大学《だいがく》。ノーベル賞受賞者《しょうじゅしょうしゃ》を多数輩出《たすうはいしゅつ》。

welcome《ウエルカム》
え!? ここに泊《と》まるの!?
普通《ふつう》のマンションみたい…
ウィークリーマンション…
つまり週単位《しゅうたんい》で旅行者《りょこうしゃ》に部屋《へや》を貸《か》してくれる施設《しせつ》だ
ここなら地元《じもと》の人《ひと》のように過《す》ごせる
I'm《アイム》 Shion《シオン》. Thank you《サンキュー》 for《フォー》 your《ユア》 help《ヘルプ》.
実は帰国子女
おおーっ!
「観光《かんこう》」をするつもりはない!!
外国人《がいこくじん》とコミュニケーションしていろいろ学《まな》べ!!
おれが手本《てほん》を見《み》せる!!
アイムホーツキ! よろしく! よろしく!
日本語《にほんご》じゃん!!
オヤジの鉄則《てつそく》
語学力《ごがくりょく》よりコミュニケーションをとろうとする気持《きも》ちが大事《だいじ》!!

ハンバーガーうまかったな〜〜〜!!
肉《にく》とチーズすげーよな!
それじゃダメだよ!
は?
その夜《よる》 子《こ》どもたちの寝室《しんしつ》
ふん!ぶぐー
サッ
ふん!ぶぐー
は!?
ふん!ぶぐー!! ふん!ぶぐー!
おいマサ!大丈夫《だいじょうぶ》か?
ああ!
「ハンバーガー」じゃ通《つう》じなかったもんな!「ふん!ぶぐー」な!
Hamburger
あーー!
ふん!ぶぐー ふん!ぶぐー
これぞナマの経験《けいけん》の成果《せいか》!?
カナダ・ナイアガラの滝《たき》
でかーーー!!
うちから学校《がっこう》までの距離《きょり》がまるごと滝《たき》になって落《お》ちてるくらいあるよ〜〜〜〜!?

すげーなー！
このすごさは写真《しゃしん》じゃわかんねーなー！
水音が大きくてみんな大声
日本《にっぽん》の滝《たき》とは趣《おもむき》も規模《きぼ》もまったく違《ちが》うわねー——!!
オヤジの鉄則《てつそく》
生《なま》で触《ふ》れて得《え》られる感動《かんどう》が大切《たいせつ》
ボストン宿泊先《しゅくはくさき》モーテル
ダム！ダム！ダム ダム ダム
すっげー!!
出張《しゅっちょう》で宿泊中《しゅくはくちゅう》のビジネスマンがバスケの相手《あいて》をしてくれました!!
You《ユー》 great《グレイト》！
Ha Ha！
あちー！
あっちにプールあったよな？
あった！
えっと…
Let's《レッツ》 go《ゴー》 to《トウ》 the《ザ》 pool《プール》 together《トウギャザー》！
※一緒《いっしょ》にプールいこー!!
I'll《アイル》 not《ノット》 go《ゴー》. Bye《バイ》！
※おれはいいよ じゃあ
後《あと》でわかったことですが…

ああ
アフリカ系《けい》の人《ひと》は泳《およ》げない人《ひと》が多《おお》いのよ
えっ
あんなに運動神経《うんどうしんけい》いい人《ひと》でも？
……
差別《さべつ》によってプールに入《い》れてもらえないケースが多《おお》かった…
という説もあるわ
でもその人《ひと》は今《いま》…
このボストンに出張《しゅっちょう》するような仕事《しごと》を持《も》ってるんだろ？
教養《きょうよう》を身《み》につけることが自分《じぶん》の世界《せかい》を切《き》り開《ひら》く力《ちから》になるんだ！
明日《あした》は学《まな》びの最先端《さいせんたん》の地《ち》に行《い》くぞ!!
オヤジの鉄則《てっそく》
旅先《たびさき》で起《お》きた出来事《できごと》からしっかり考《かんが》えさせる
ハーバード大学《だいがく》
MIT《エムアイティー》（マサチューセッツ工科大学《こうかだいがく》）
すげー形《かたち》!!
あ！

あの人《ひと》ハーバードの校章《こうしょう》つけてる!?
MITなのに!
他大学《たいがく》との共同研究《きょうどうけんきゅう》を推奨《すいしょう》してるからな!
いろんな学生《がくせい》が集《あつ》まってるんだろ
学生《がくせい》にも観光客《かんこうきゃく》にもどんな人種《じんしゅ》にも開《ひら》かれてる…
それが世界最高《せかいさいこう》といわれる大学《だいがく》…MIT《エムアイティー》だ!
学《まな》ぶ意欲《いよく》のある仲間《なかま》が集《あつ》まるっていいな
大学《だいがく》行《い》くのが…
すごい楽《たの》しみだ!!
すごい旅行《りょこう》をありがとう!
おれオヤジを尊敬《そんけい》してるよ!

ワシントン
ホワイトハウス
見学《けんがく》の整理券《せいりけん》とるのにこの行列《ぎょうれつ》かよ〜
並《なら》んでたら飛行機《ひこうき》の時間《じかん》に間《ま》に合《あ》わないわよ
あきらめましょう
いや！おれにまかせろ！
10分後《ぶんご》
おい！入《はい》れるぞ！来《こ》い!!
ええ!?
どうやって…
頭《あたま》を使《つか》ったんだ！
ニヤリ
一、前《まえ》のほうにいた中国人《ちゅうごくじん》グループに笑顔《えがお》&《アンド》日本語《にほんご》で話《はな》しかける
ヨオ！元気〜
!?
二、ヘンな人《ひと》かとビビって放置《ほうち》する中国人《ちゅうごくじん》
すげー混んでんなー
三、しかし周囲《しゅうい》からはアジア人《じん》の見分《みわ》けがつかず同《おな》じグループかと思《おも》われる
仲間《なかま》か！
早く入れろー
わりこみ大成功《だいせいこう》〜！
がっはっは！
あなたって人はー!!
えーと…尊敬《そんけい》？
絶対《ぜったい》にマネしないでください!!
ヒント12へGO!

欧米周遊中《おうべいしゅうゆうちゅう》の宝槻家《ほうつきけ》
私《わたし》(帰国子女《きこくしじょ》)は通訳係《つうやくがかり》です!!
I'm Shion. Thank you for your help.
宝槻家《ほうつきけ》の母《はは》 しおん
お母《かあ》さんの意外《いがい》な一面《いちめん》!
長男《ちょうなん》・ヤス 17才《さい》
CHANGE PROVIDED
CHANGE PROVIDED
CHANGE PROVIDED
次《つぎ》はヨーロッパだな!
アメリカともこれでお別《わか》れかー
米《べい》・ワシントン 高速道路《こうそくどうろ》
おーい
……
あの人《ひと》ほかの車《くるま》には手《て》をのばして受《う》けとってたのに…?
料金所《りょうきんじょ》
ぐいっ
パッ
ミ!
ボソ…
Yellow shit《イエロー シット》!
聞きとれない…
差別《さべつ》されたのよ!
(バーカ!!)
You Stupid! Boo〜〜!!
お母《かあ》さんの意外《いがい》な一面《いちめん》…!!
次男《じなん》・カズ 16才《さい》
三男《さんなん》・マサ 中《ちゅう》1
ヒント12
リアル体験《たいけん》に勝《まさ》るものなし

人種差別《じんしゅさべつ》を受《う》けるというのも海外《かいがい》ならではの経験《けいけん》…
でけー!
伊《い》・ローマ コロッセオ
古代《こだい》ローマの戦闘競技場《せんとうきょうぎじょう》だよね!
強《つよ》い剣士《けんし》が戦《たたか》ったんだよね!
まあ そうなんだが…
ショーといっても奴隷《どれい》や捕虜《ほりょ》の本物《ほんもの》の殺《ころ》し合《あ》いだ
それを古代ローマ市民が楽しんだ
戦闘能力《せんとうのうりょく》の高《たか》い者《もの》は「剣闘士《けんとうし》」として人間同士《にんげんどうし》の試合《しあい》に出《で》た ある種《しゅ》のスター選手《せんしゅ》だな!
悲惨《ひさん》なのはスターの素養《そよう》のない戦闘能力《せんとうのうりょく》の低《ひく》い者《もの》だ
粗末《そまつ》な槍《やり》だけで猛獣《もうじゅう》と戦《たたか》わされた
ここの中心《ちゅうしん》に水《みず》を張《は》って船《ふね》の模擬海戦《もぎかいせん》も行《おこな》われたらしい
あらゆる殺《ころ》し合《あ》いが『ショー』になった場所《ばしょ》なんだよ…
そんなの見《み》て面白《おもしろ》がるってどんな神経《しんけい》だよ…
古代《こだい》ローマというのは…
裕福《ゆうふく》すぎて麻痺《まひ》してたのかもな
ここでクイズ!!
貴族《きぞく》の宴会《えんかい》に「クジャクの羽根《はね》を持《も》った奴隷《どれい》」がいたのはなぜか?

ちゃんばらごっこの刃《は》みたく使《つか》う?
美女奴隷《びじょどれい》が羽根《はね》でナデナデ
コチョコチョ
うーん…なんかもっとすごそう…
正解《せいかい》は!!
「満腹《まんぷく》になった貴族《きぞく》の口《くち》に羽根《はね》をつっこんで吐《は》かせ またごちそうを食《た》べてもらうため」だ!
げー
愚《おろ》か…
うえーっ
あのへんやあそこが人力《じんりき》エレベーターの跡地《あとち》だな
地下《ちか》から猛獣《もうじゅう》を引《ひ》き上《あ》げるために使《つか》われていた
歴史《れきし》ってすげー…
古代《こだい》ローマ人《じん》て肉食《にくしょく》すぎて栄養《えいよう》バランスが偏《かたよ》っていたのかもね!
旅行中《りょこうちゅう》で肉食中心《にくしょくちゅうしん》なせいかな?
お母《かあ》さんが戦闘的《せんとうてき》なのも!
ああ!
親《おや》をからかうんじゃありません!
コロッセオの外《そと》
ちょっと水《みず》買《か》ってくる!
おれも!

なんか…水《みず》が…
1本千円《ぽんせんえん》くらいした…
これってフツー？
観光客《かんこうきゃく》だと思《おも》ってボったのね！
こんな子どもから…
やっぱ？
はっ
めっちゃ日本語
てめえこのヤロなめるな――!!
たたむぞゴルァ!!
金《かね》は取《と》り返《かえ》した
日本人《にっぽんじん》だからってナメられるんじゃねえ!!
水《みず》の都《みやこ》ベネチア
ホントにバスも車《くるま》も通《とお》ってないんだね！
スゲー！
都会《とかい》はびっくりなとこもあったけど
現代《げんだい》にこんな文化《ぶんか》を残《のこ》してるのはすごいな！ イタリア…
オヤジの鉄則《てっそく》
外国人《がいこくじん》にだって理不尽《りふじん》は許《ゆる》すな
これはやりすぎです！

フィレンツェ
鉄道《てつどう》の長距離移動《ちょうきょりいどう》は今回《こんかい》が初《はつ》ね！
この列車《れっしゃ》のホームどこだ？
ちょっと！これどこ？
サッ
あっちね！
広《ひろ》いな――！
てくてく…
ん？ここか!?
ガーン
ローマ行き!?
逆方向《ぎゃくほうこう》じゃねえか！
あのさー！
これ！これ！
ソッチ行《い》って右《みぎ》の16番《ばん》ね！
急《いそ》げ！
だだだだだだっ
そこね！
また違《ちが》う!?
ガァーン
列車《れっしゃ》出《で》ちゃった
払いもどしできるかしら
え〜〜〜！
何《なに》これ差別《さべつ》!?
日本人《にっぽんじん》ほど正確《せいかく》さを重《おも》んじないだけだと思《おも》うわ
くっそー
いい加減《かげん》に返事《へんじ》しやがって こんな国《くに》二度《にど》と来《こ》ねえぞクソ
事前《じぜん》にちゃんと調《しら》べなきゃね
オヤジの鉄則《てっそく》
外国語《がいこくご》を話《はな》せないとこんなこともある…という反面教師《はんめんきょうし》だからな

ミラノ大聖堂《だいせいどう》
その後《ご》ミラノから
スイスのレマン湖《こ》を
経由《けいゆ》し――
レマン湖《こ》
一家《いっか》は芸術《げいじゅつ》の都《みやこ》
フランスへ!!
う…
ルーヴル美術館《びじゅつかん》
わあ〜〜〜〜!!
美《うつく》しいな…
うん。
オヤジの鉄則《てっそく》
芸術《げいじゅつ》は本物《ほんもの》の
すごさを
体感《たいかん》させるべし!
オランジュリー美術館《びじゅつかん》
モネ『睡蓮《すいれん》』の展示室《てんじしつ》
すごい!
360度《ど》『睡蓮《すいれん》』に
囲《かこ》まれてる!!

筆《ふで》づかいに…迫力《はくりょく》！
印刷物《いんさつぶつ》で見《み》るのとは
全然違《ぜんぜんちが》う…
よく見る絵なのに
展示《てんじ》のしかたにも愛《あい》を感《かん》じるね
ああ…
本物《ほんもの》を見《み》せてやれてよかった!!
もらった遺産使い果たしたけど(笑)
う…美《うつく》しいな…
ええ！
その後《ご》フランスの田舎町《いなかまち》を旅《たび》した時《とき》に…
あ！
地元《じもと》の子《こ》
ピコピコ
日本《にっぽん》の携帯《けいたい》ゲーム機《き》だ！
フランスでも売《う》ってるんだ！
「最新《さいしん》のゲームだぜ！やらせてやるよ！」的《てき》なことを言《い》ってるらしい
このゲームやり込《こ》んだなあ。
オニ強《つよ》。
ピキュピキュ
ドガァン ドガァン！
SHIE~! SUGE~! TENSAI!
日本《にっぽん》も世界《せかい》でちゃんとがんばってるんだな！
その後《ご》ロンドン・ハワイを見学《けんがく》し…
ビッグ・ベン
アリゾナ記念館《きねんかん》(パールハーバー)

2か月《げつ》もの長旅《ながたび》から帰国《きこく》しました！
ふう。
でも本当《ほんとう》面白《おもしろ》かった！もっといろんな国《くに》を見《み》たくなった！
ゲーム機《き》うれしかったなー！日本《にっぽん》の技術《ぎじゅつ》が世界《せかい》に広《ひろ》がってるんだ！
大英博物館《だいえいはくぶつかん》でキレイな子《こ》にウインクされた
語学力《ごがくりょく》つけて――！話《はな》しかけたかった――!!
大丈夫《だいじょうぶ》！明日《あした》からガンガン勉強《べんきょう》するぞ！
なぁ！ニート1号《ごう》&《アンド》2号《ごう》！入学後《にゅうがくご》1日《にち》も登校《とうこう》してない中学《ちゅうがく》1年生《ねんせい》！
帰国後《きこくご》の現実《げんじつ》は厳《きび》しいわ…!!

解説

旅は体感・体験・感動の宝庫だ

高校に行かず、京大を目指す。

ここは積極的に真似してほしいわけではないのですが、ともかくも宝槻家はそういう状況になりました。言い換えれば、「家にいて何もしない、無精髭《ひげ》を生やした10代男子」が誕生したということです。

だらけるニート（私です）を前に、オヤジは考えます。このままでいいのか、と（当たり前ですね）。そこで思いついた次なる作戦が「欧米旅行」でした。

ですがシーズンだと費用も高い。そこで、オフシーズンに旅行することになるのですが、次男の高校受験に丸かぶり。そこで、「お前も高校に行かなくていいんじゃないか？」という発言が飛び出るわけです。旅行計画が先なのか、「高校に無理に行かせる必要がない」と思ったのが先なのか、そのあたりは定かでありませんが、ともかくも宝槻家は長期間の欧米旅行へと出かけます。

構成メンバーは、高校を退学してニートになった長男、中学を卒業したけれど高校受験をしなかった次男、中学1年生になる直前の三男、振り回されっぱなしの母親、先頭を切る父親、の計5人。

行き先に「欧米」を選んだのは、現在の資本主義やシステムの大半が、欧米由来だからでしょう。おおもとを子どもたちに見せたかった、という真面目な理由があったのだと思います。

宝槻家流旅の心得

オヤジの旅は、国外・国内に限らず、「行き当たりばったり」が原則です。ですが、これでは参考になりません。もう少し丁寧に、コンセプトを振り返って見てみましょう。

オヤジの「旅のコンセプト　3箇条」です。

(1) 現地ならではの「リアル」を体験する。

インターネットや本では、「体験」を味わうことができません。特に、「人」と出会うことはない。旅のいちばんの目的は「さまざまな人に会う」ことでした。

もちろんアポを入れているわけではありません。全部アポナシ。オヤジは、出会う人、出会う人に話しかけ、次々と友だちになっていきます。ですが、オヤジは英語が大の得意、というわけではありません。ブロークン英語で、積極的に話しかける。当たってくだけろ方式です。

コミュニケーションの本質が、語学力ではなく、コミュニケーションを取りたいという感情にあることを、私たち3兄弟は目の当たりにしました。

（2）パッケージツアーやガイドを利用せず、「自分で探す」。

ツアーで旅行に行くと、いわゆる「名所」を逃すことはないでしょう。ですが、誰かに組んでもらったツアーは、自分の頭を使うことがありません。「自発的に考える」ことが宝槻家の教育の基本なので、ツアーはもってのほか。現地ガイドやガイドブックも頼りません。

実際のところは「できるだけ安くあげる」という狙いもあったようですが……。

（3）「本物」の芸術や自然に触れる。

イタリア・ローマのコロッセオやミラノ大聖堂。スイスのレマン湖やイギリスのビッグ・ベン。レオナルド・ダ・ヴィンチの『モナ・リザ』に、モネの『睡蓮』。ハーバード大学やＭＩ

T（マサチューセッツ工科大学）のキャンパス。知識としては知っていましたが、旅先での「本物」に圧倒されました。

この時の「本物に感じた興奮」は、いまでも私の宝物です。このことがどう役に立ったかはわかりません。ですが、実際に体験した刺激が、自分の中にある好奇心や感性を揺り動かしてくれたんですね。

この欧米旅行は、オヤジからもらった最大のプレゼントでした。ただし、家庭内のニートは1人増えて2人に。三男坊は、中学校に1日も登校していない、というおまけがついてきましたが。

2か月の欧米旅行は極端ですが、「本物の体験」はあちこちに転がっています。美術館や博物館をめぐる。ノープランで国内旅行に行ってみる。行った先で、いろんな人と友だちになってみる。こうした「体験」は、ほんの少しの工夫で、親が用意してあげられるものです。

第6章

受験を乗り越える力

大学受験に際し、宝槻家のとった方法は、予備校や塾に行かせるのではなく、自分で塾を開設してしまうことでした。オヤジが編み出した独自の方法で、息子たちや塾生の力を伸ばしていきます。

遊《あそ》びを覚《おぼ》え 青春《せいしゅん》の仲間《なかま》も できた 宝槻家《ほうつきけ》の 子《こ》どもたち…
バイト代《だい》で 革《かわ》のスニーカー GET《ゲット》!!
宝槻家《ほうつきけ》 長男《ちょうなん》 ヤス 18才《さい》
ストーンズ のCD《シーディー》 やっと コンプした!
次男《じなん》・カズ 17才《さい》
てめえら…
受験勉強《じゅけんべんきょう》は どうした!?
ヤスは来年《らいねん》も 受験《じゅけん》だろうが!!
ボソ
仲間《なかま》ができて よかったって 言《い》ってたじゃん
それとこれとは 話が別だろ
三男《さんなん》・マサ 中《ちゅう》2
母《はは》 しおん
ヒント13
音読《おんどく》・暗唱法《あんしょうほう》で 英語《えいご》を 乗《の》り越《こ》える

長男《ちょうなん》と次男《じなん》は
※大検取得《だいけんしゅとく》のため
このころ
通信制《つうしんせい》の高校《こうこう》を受講《じゅこう》
していましたが…
学校《がっこう》だけじゃ
ぜんっぜん
ダメだ!!
本気《ほんき》で勉強《べんきょう》
はじめるぞ!!
ドガ——ッ
あなた
——!?
怒《おこ》りすぎて
ブッとんだ!?
家のカベです
家《いえ》を改装《かいそう》して
塾《じゅく》を開《ひら》く!!
お前《まえ》らも
手伝《てつだ》え!!
ええ——
!?
トントン
トントン
カンカンカンカン
カンカン
ドス!
毎度大胆《まいどだいたん》すぎる
思《おも》いつきですが
夫《おっと》は
本当《ほんとう》に…
建築《けんちく》の基礎《きそ》を
わかった上《うえ》で
やってたのね
ホッ…
もはや安心する
ポイントがこの領域に
達したしおん
塾《じゅく》を…
どどん
プラトン学園
本物の『学び』が
ここに…!

※大学入学資格検定《だいがくにゅうがくしかくけんてい》。2005年以降《ねんいこう》、高等学校卒業程度認定試験《こうとうがっこうそつぎょうていどにんていしけん》に移行《いこう》。

お前《まえ》たちしか生徒《せいと》がいないじゃないか！
フンガー
一緒《いっしょ》に勉強《べんきょう》する友達《ともだち》を集《あつ》めてこい！
ええ〜!!
開《ひら》く前《まえ》に子《こ》どもたちにはこの試練《しれん》!!
オヤジの鉄則《てっそく》
一緒《いっしょ》に目標《もくひょう》に向《む》かえる仲間《なかま》を作《つく》る!!
中退仲間
子《こ》どものネットワークを使《つか》いまくり
オヤジゆずりの口のうまさ
マサみたく頭よくなれんの!?
おれは友達は巻きこめない…!!
子どもさんの潜在能力を花開かせましょう！
まあ
問《と》い合《あ》わせあらば必《かなら》ずモノにし
なんとか塾《じゅく》の形《かたち》に!!
いろんな年齢《ねんれい》の仲間《なかま》がそろったわけだが…

おれの授業《じゅぎょう》は全学年《ぜんがくねん》対応《たいおう》だ！
みんなで同《おな》じ勉強《べんきょう》をする！
ニヤリ。
ええ!?
まずは英語《えいご》!!
ERICH FROMM ESCAPE FROM FREEDOM
自由からの逃走
この洋書《ようしょ》と訳書《やくしょ》を丸暗記《まるあんき》しろ!!
丸暗記《まるあんき》!!
夫《おっと》が教材《きょうざい》として選《えら》んだのは
エーリッヒ・フロム著《ちょ》『自由《じゆう》からの逃走《とうそう》』
ERICH FROMM ESCAPE FROM FREEDOM
自由からの逃走
ドイツ人《じん》の社会心理学者《しゃかいしんりがくしゃ》が書《か》いた…
つまり
「外国人《がいこくじん》が書《か》いた英語論文《えいごろんぶん》」だ！
クセのないきれいな英文《えいぶん》で読《よ》みやすい！
ちまちま短《みじか》い文章《ぶんしょう》や単語《たんご》を覚《おぼ》えるより
ひとつの論文《ろんぶん》や物語《ものがたり》を徹底的《てっていてき》に読《よ》みこむほうが英語《えいご》は身《み》につきやすい!!
ERICH FROMM ESCAPE FROM
読解力も身につくしな！
確《たし》かに！
今までもそうだった…!!
オヤジの鉄則《てっそく》
単語《たんご》や文法《ぶんぽう》は短文《たんぶん》ではなく、作品全体《さくひんぜんたい》を読《よ》んで一緒《いっしょ》に覚《おぼ》える!!

出典：『自由からの逃走』エーリッヒ・フロム（著）、日高 六郎（訳）、東京創元社

そして何《なに》より…
この本《ほん》は本当《ほんとう》に面白《おもしろ》い！
『自由《じゆう》とは何《なに》か？』を考《かんが》えさせられるぞ！
今《いま》のキミたちの年代《ねんだい》で読《よ》みこなしたら…
最高《さいこう》にクールでカッコいいよな！
オヤジの鉄則《てっそく》
中身《なかみ》が面白《おもしろ》い作品《さくひん》を教材《きょうざい》に選《えら》べ！
有名な児童文学なんかも悪くないな！
最初《さいしょ》は覚《おぼ》えやすいとこで区切《くぎ》っていい！
自分《じぶん》のやりやすいペースでな！
さあ…
この中《なか》で最初《さいしょ》に全文《ぜんぶん》覚《おぼ》えるのは誰《だれ》だ!?
むずかしそうだけどみんなやってる…
とーぜんおれが一番！
オヤジの子がビリじゃかっこ悪いよな…
確かに！文章として面白い!!
オヤジの鉄則《てっそく》
競争《きょうそう》することが学習《がくしゅう》へのモチベーションに!!

出典：『英文標準問題精講 新装5訂版』原 仙作・中原道喜（著）、旺文社

どどーん!!
このたった2冊《さつ》で受験《じゅけん》に勝《か》てる!
おれを信《しん》じてついて来《こ》い!!
ERICH FROMM
先生《せんせい》…
ガタッ
おれできる気《き》がしてきました!!
勢《いきお》いにのまれるなよ…
プラトン学
2つの基本柱《きほんばしら》を徹底《てってい》させるため…
これは目《め》の不自由《ふじゆう》な人《ひと》のために『自由《じゆう》からの逃走《とうそう》』を英語《えいご》で音読《おんどく》したCD《シーディー》だ
英語《えいご》は言語《げんご》だ!音《おと》でも覚《おぼ》えなくちゃならん
『Escape From Freedom』

『自由《じゆう》からの逃走《とうそう》』
原文暗唱音読《げんぶんあんしょうおんどく》リレー
最初《さいしょ》に「1文《ぶん》」「3文《ぶん》」などつづけて暗唱《あんしょう》できる文章《ぶんしょう》を自己申告《じこしんこく》し、リレーするゲーム
おれ次《つぎ》の1ページ全部《ぜんぶ》いく!
オー!!
やるな!!
夫独自《おっとどくじ》の教《おし》えかたを貫《つらぬ》くプラトン学園《がくえん》でしたが——
時間《じかん》が経《た》つにつれ…
先生《せんせい》!うちの子《こ》ここに来て急《きゅう》に成績《せいせき》上《あ》がってます!
うちも!
さし入れ
ハッハッハ!!
効果《こうか》は絶大《ぜつだい》!!
さすがおれだな!
さし入れ
受験《じゅけん》に必要《ひつよう》なのは
いい教師《きょうし》!いい教材《きょうざい》!
むくまで待ちなさいよい
ガハッハ
そして
いい仲間《なかま》と切磋琢磨《せっさたくま》する必要《ひつよう》がある!!
ヤスの京大受験《きょうだいじゅけん》まで…あと半年《はんとし》だな…

↖ヒント14へGO!

子《こ》どもたちの受験《じゅけん》に本腰《ほんごし》を入《い》れさせるため塾《じゅく》まで開《ひら》いてしまった夫《おっと》！
オー!!
宝槻家《ほうつきけ》はすっかり受験一色《じゅけんいっしょく》!!
大切《たいせつ》なのは基礎《きそ》だ！
数学《すうがく》の公式《こうしき》は丸暗記《まるあんき》じゃだめだ！
公式《こうしき》の「根本《こんぽん》を理解《りかい》」してこそ本当《ほんとう》に使《つか》いこなせるんだ！
分数《ぶんすう》の割《わ》り算《ざん》…なぜこうなるかわかる者《もの》！
分数の割り算
$\frac{A}{B} \div \frac{C}{D} = \frac{A}{B} \times \frac{D}{C}$
ヒント14
公式《こうしき》ストーリーで数学《すうがく》を乗《の》り越《こ》える
そういえば…なんで分子《ぶんし》と分母《ぶんぼ》をひっくり返《かえ》すんだろ!?
宝槻家《ほうつきけ》 長男《ちょうなん》・ヤス 18才《さい》
次男《じなん》・カズ 17才《さい》

この公式《こうしき》は小学《しょうがく》6年《ねん》で習《なら》うが…
A/B ÷ C/D = A/B × D/C
なぜ割《わ》り算《ざん》で分子《ぶんし》と分母《ぶんぼ》をひっくり返《かえ》して掛《か》けるか?
中《ちゅう》・高生《こうせい》の年齢《ねんれい》のみんなが誰《だれ》も説明《せつめい》できない
説明《せつめい》できるようにこの公式《こうしき》にたどりつくあらゆる過程《かてい》を考《かんが》えてみよう!
オヤジの鉄則《てっそく》
本当《ほんとう》の理解《りかい》は「基礎《きそ》」を固《かた》め直《なお》すことから始《はじ》める!!
大学受験《だいがくじゅけん》のために小学校《しょうがっこう》の算数《さんすう》の公式《こうしき》を考《かんが》え直《なお》す…
一見《いっけん》遠回《とおまわ》りに見《み》えますが…
1/2 ÷ 3/4 →
(1/2)/(3/4)
分数《ぶんすう》の割《わ》り算《ざん》の式《しき》を分数《ぶんすう》の形《かたち》に置《お》き換《か》えると…
何《なに》か浮《う》かばないか?
あ!通分《つうぶん》?
サッ
三男《さんなん》・マサ 中《ちゅう》2
お!前《まえ》に出《で》てやってみろ!
通分《つうぶん》して分母《ぶんぼ》を1にする!
そうすると…
(1/2 × 4/3)/(3/4 × 4/3) = 1
通分
分子《ぶんし》に分母《ぶんぼ》の数字《すうじ》がひっくり返《かえ》った分数《ぶんすう》が掛《か》かる!
そっか!
ホントだ! ひっくり返った!
なぜこの公式《こうしき》になるのか?を考《かんが》え直《なお》すことで…

教科《きょうか》	センター試験《しけん》	二次試験《にじしけん》	合計《ごうけい》
国語《こくご》	50	150	200
社会《しゃかい》	50	100	150
数学《すうがく》	50	150*	200
理科《りか》	50	—	50
外国語《がいこくご》	50	150	200

※2015年当時《ねんとうじ》、理系《りけい》は150分間《ぶんかん》で６問《もん》、文系《ぶんけい》は120分間《ぶんかん》で５問《もん》。

もう一度《いちど》 数学者《すうがくしゃ》の 伝記《でんき》を 読《よ》みこめ!
数学《すうがく》の 公式《こうしき》が 誕生《たんじょう》した 経緯《けいい》を
ドラマごと 理解《りかい》しろ!
問《と》われている 「本質《ほんしつ》」は なんなのか? それを導《みちび》き出《だ》す 思考力《しこうりょく》がなければ 京大《きょうだい》の入試数学《にゅうしすうがく》には 勝《か》てんぞ!!
今《いま》のとこ 巻《ま》き戻《もど》し…
筋《きん》トレのごとく 地道《じみち》に 公式《こうしき》の本質《ほんしつ》を 理解《りかい》するために 時間《じかん》をついやし…
時《とき》には塾《じゅく》で 長男《ちょうなん》が教壇《きょうだん》に立《た》ち 公式《こうしき》を解説《かいせつ》し…
B P O D O' Q A C
オヤジの鉄則《てっそく》
教《おし》える立場《たちば》を経験《けいけん》 することで自分自身《じぶんじしん》の 知識《ちしき》が整理《せいり》される!
長男《ちょうなん》が 実際《じっさい》の入試《にゅうし》の 過去問題《かこもんだい》に とりくみ出《だ》したのは…
京都大学 入試 過去問題集

京大入試《きょうだいにゅうし》直前《ちょくぜん》2か月前《げつまえ》!!
京都大学 入試 過去問題集
く…
――っそ 難《むずか》しいよ!? 何《なに》これ!? ホントに解《と》けるの～～～!?
ふふ…
解《と》けん!!
ええ――!?
なんでえばってんの―!?
時間内《じかんない》で全部《ぜんぶ》を解《と》くのは無理《むり》だ
だからまずは選《えら》ぶ!
どの問題《もんだい》なら解《と》けそうか? まず優先順位《ゆうせんじゅんい》をつけろ!
2:00:00
ブツ ブツ
問《とい》3…なら数列《すうれつ》が使《つか》える? いや問《とい》5のほうがとっかかりが…
京都大学 入試 過去問
オヤジの鉄則《てつそく》
まずはすべての問題《もんだい》を見《み》て解《と》けそうな問題《もんだい》を選《えら》ぶ
問《とい》3!
よし! 何時間《なんじかん》かかってもいい! 解《と》いてみろ!
基礎をみっちりやったお前なら必ず解ける!!

何時間《なんじかん》もかかったら入試《にゅうし》終《お》わっちゃうよ!?
うるせぇ!やれ!!
あと2か月《げつ》よ!? 大丈夫《だいじょうぶ》!?
母《はは》・しおん
最初《さいしょ》は1問《もん》に3時間以上《じかんいじょう》かかりました
でもそれが2時間《じかん》 1時間《じかん》…と短縮《たんしゅく》されていき…
京大受験《きょうだいじゅけん》3日前《かまえ》
オヤジのねらい今《いま》ならわかる!
ものすごい難《むずか》しいけど…
どれも数学《すうがく》の本質《ほんしつ》に基《もと》づいた良問《りょうもん》だ!
オヤジの鉄則《てっそく》
数学《すうがく》の本質《ほんしつ》を理解《りかい》することが京大攻略《きょうだいこうりゃく》の近道《ちかみち》!!
長男《ちょうなん》京大受験当日《きょうだいじゅけんとうじつ》——
大丈夫《だいじょうぶ》!
やれる!

問《とい》1と問《とい》3は
たぶん歯《は》がたたない
から捨《す》てる!
一番《いちばん》とっかかりを
感《かん》じるのは…
問《とい》4!!
おれ自身《じしん》の
努力《どりょく》は…
オヤジの
アドバイスは
間違《まちが》って
ないはずだ!!
合格発表《ごうかくはっぴょう》
当日《とうじつ》——

ヤッちゃ〜ん! 合格《ごうかく》おめでとう!
うんうん♡
よくやった! さすがおれの息子《むすこ》だ!!
どん!!
親戚《しんせき》からご祝儀《しゅうぎ》の山《やま》!!
友人《ゆうじん》たちの祝福《しゅくふく》!!
すごいよヤス!!
マジかよ! すげーな
やるべきことはやれた?
うん!
入試《にゅうし》までの勉強《べんきょう》もすごく意味《いみ》があった!
ん
そうか… おめでとう…
ありがとう!
おれね
また「勉強《べんきょう》」にワクワクできるようになった!
それが…すごくうれしいんだ!!

解説

オヤジ独自の学習メソッドで受験に勝つ①

漫画で宝槻家の歩みを追ってきた（つまりオヤジに慣れてきた）みなさんにとっても、まさか「塾を開校する」とは思ってもみなかったでしょう。オヤジにしてみても、「高校に行かなくていい」とは言ったものの、ここまで息子たちがグータラになるとは思っていなかったようです。

学校に行っていれば、周囲の仲間が受験勉強を始めますので、スイッチの入る機会がありますす。しかし自宅に居続けるだけなので、そうはならない。さすがにこのままでは、オヤジもまずいと思ったのでしょう。

ここで「勉強しろ！」と頭ごなしに言わなかったところは、見習いたいポイントです。親は、子どもに対し、ついつい「勉強しろ！」と言ってしまいたくなりますが、これがうまくいったためしがありません。子どもは「勉強する環境」があれば、自発的に動き出します。強制され、嫌々勉強しても、何も身につきません。

「毎日、何時間も塾に通っているのに、学力が上がらない」という相談をよく受けますが、当然です。自発的な1時間と嫌々の1時間では、理解する深度もスピードも変わってきますから。

とはいえ、宝槻家のやり方は強引です。勉強をやらざるを得ない環境を整備するため、自宅を塾にしてしまうんですから。これが、長男の大学受験の1年前のことでした。

しかも名前は「プラトン学園」。古代ギリシアのアテネに、哲学者プラトンが開いた学園アカデメイアを模しているのですが、そんなことはまわりに伝わりません。結局、3兄弟のつてで、半ば強引に生徒を集めたのでした。

受験力向上大作戦

ここで展開された「学習」は、オヤジが編み出した独自の方法でした。

1. 英語は、音読＋文章丸ごと暗記。
2. 数学は、公式の成り立ちを歴史的に把握。

3. 国語は、名文をひたすら書き写す。

問題集や参考書、赤本という話ではありません。普通の塾とはまったく異なるアプローチで、展開しました。

英語は、漫画でも紹介したように、オヤジが選んできた英語の本をひたすら音読します。そして文章を丸ごと覚えさせる。音読→暗唱→音読→暗唱→音読→暗唱→音読→暗唱→……とこれを一心不乱に繰り返します。江戸時代の寺子屋の「素読《そどく》」のような教え方でした。

「昔の考古学者に、ハインリッヒ・シュリーマンという人がいる。トロイの遺跡を発見した偉人だ。18カ国語を操る語学の天才だったのだが、このシュリーマンの学習法が、音読・暗唱法だ！」

こういう乗せ方が、オヤジはうまい。実例を持ち出された生徒たちは、オヤジの口車に乗って音読・暗唱に注力しました。

するとどうでしょう。受験を控えた長男（私です）は、高3の夏頃になると、大学レベルの英語の本を、一冊丸ごと読めるようになっていたのです。

数学の受験勉強は、たいてい「公式を覚えろ！」という先生の号令で始まります。生徒も必死で覚えます。

ところがプラトン学園は違いました。公式の丸暗記では、難関大学の数学試験には、歯が立たないとオヤジは考えていました。

数学の公式は、数学の定理を数式に落とし込んだものです。その公式に行き着いた過程には、膨大なドラマがあったのです。なぜその公式にたどり着いたのか、という歴史を追っていくと、数学の本質に行き着きます。数学の本質とは、言い換えれば「数学の考え方」です。思考法を身につければ、どんな難問も、答えを導き出せるのです。

したがって、オヤジの数学の授業は、森羅万象、古今東西、はみ出しながら進んでいきます。放物線とガリレオを結びつけ、三角関数では伊能忠敬が登場し、アポロ計画で微分積分を解説しました。科学や数学、社会の歴史をまじえながら、立体的に数学の本質に迫ったのです（ちなみに、こうしたさまざまな視点で本質に迫るやり方は、現在の探究学舎でもいかされています）。

こうやって「数学的思考」をインプットしたら、ようやく問題集です。しかも同じ問題をひたすら繰り返し解かせました。野球のノックと同じですね。反復練習することで、数学的思考が体に身についてくるのです。反復しているうちに、「あ、こうすれば良かったんだ」ということも見えてきて、守備の名手ならぬ、数学の名手になっていく。実際、数学の模試の点数はどんどんあがっていきました。

英語、数学ときたら、お次は国語です。

これもオヤジの教育法はユニークでした。「名文をひたすら書き写す」という「名文・書き写し法」をとったのです。

どんな文章も「単語の組み合わせ」で成り立っています。優れた文章を書き写していくと、「国語力が蓄積されていく」というのが、オヤジの持論でした。

名文を名文という評価にしているのは、「単語の組み合わせ方」と「語彙の選び方」です。「名文・書き写し法」によって、それが自然に身についていきます。英語の音読・暗唱法と同じ理屈ですね。

私の場合は、名文を書き写した原稿用紙が300枚を過ぎた頃でしょうか。文章を書くのも読むのも非常に得意になっていました。

母の大粒の涙

オヤジの私塾「プラトン学園」が誕生して約1年。

宝槻家3兄弟のトップバッターとして、私は京都大学受験に挑みました。進学校を中退し、自宅でダラダラしていた私です。普通なら、合格することは難しいでしょう。もちろん、運も手伝ったと思いますが、1回目の受験で何とか合格できたのでした。

いちばん喜んでくれたのは、母親でした。

子どものためとはいえ、引っ越しに次ぐ、引っ越し。挙げ句は、自宅を改装して塾にしてしまう強引なオヤジのやり方に、母親の気苦労も多かったと思います。思うところもあったでしょう。ですが、「学ぶことを楽しむ子ども」、「自分から進んで学ぶ子ども」に育ってほしい、という夫婦の共通目標のもと、陰になり日向になり、宝槻家を支えてくれていました。

家庭教育は、どちらか一方が奮闘すればいい、というわけではありません。役割も方法も、家庭によっていろいろ変わってくると思いますが、共通した思いでいることは、非常に大事です。

合格発表のその日、母親は大粒の涙をこぼしていました。

その涙を見た時に、がんばって良かったと心から思いました。

第7章

受験は環境がモノをいう

長男が無事、京大に合格し、残るは次男&三男。なかなかスイッチが入らない次男に、オヤジは「いい先生」と「いい仲間」を用意します。「勉強しろ!」と言う代わりに、環境を整えたのです。

うん♡
長男《ちょうなん》が
京都大学《きょうとだいがく》に
合格《ごうかく》!!
しかし
ちょっと
心配《しんぱい》なのが――
ヤッちゃん
大学《だいがく》になじめる
かしら?
宝槻家《ほうつきけ》の母《はは》
しおん
高校《こうこう》は
進学校《しんがくこう》の気風《きふう》に
なじめなくて
辞《や》めたから
ちょっと
心配《しんぱい》で…
大丈夫《だいじょうぶ》
だろ?
テキトーに
言《い》わないでよ!
テキトーじゃ
ねえ!
おれも
京大出身《きょうだいしゅっしん》の友達《ともだち》が
いるが…
おれと話《はなし》の合《あ》う
面白《おもしろ》いヤツ
ばっかりだぞ!
ガハハ
あなたと
話が
合う!?
京大《きょうだい》キャンパス
しっかし
京大《きょうだい》って…
長男《ちょうなん》・ヤス
大学《だいがく》1回生《かいせい》
ヒント15
「いい先生《せんせい》」を
取《と》り込《こ》む

M女史《エムじょし》はさー100111※1くらい?
いや101101※2はいくね
※3ポリゴン処理《しょり》ヤバいなー!
このカーブ!数式《すうしき》の処理《しょり》まじヤバい!
愛《あい》やねー
ピコピコ
ピコピコ
ヘンなヤツ多《おお》いなー!
たっ
たっ
なんの話《はなし》かを推測《すいそく》すると…
数学《すうがく》の2進法《しんほう》を暗号《あんごう》のように用《もち》いて女性講師《じょせいこうし》の年齢《ねんれい》について語《かた》っている
ゲームをやりながらゲームの画像《がぞう》のコンピュータ処理技術《しょりぎじゅつ》のすばらしさに数学的《すうがくてき》な面《めん》からも感心《かんしん》しまくっている
①
②
③
「天才《てんさい》」と評判《ひょうばん》の名物的《めいぶつてき》な先輩《せんぱい》だが何《なに》を考《かんが》えてるかさっぱりわからない
※1 10進法《しんほう》で39(才《さい》)。
※2 10進法《しんほう》で45(才《さい》)。
※3 コンピュータ・グラフィックスで立体《りったい》を表現《ひょうげん》するときに用《もち》いられる。
入学《にゅうがく》して1週間《しゅうかん》なんとなく気《き》の合《あ》う仲間《なかま》もできました
昨日《きのう》のサッカー見《み》た?
見《み》た!ハーフタイムの後《あと》の流《なが》れが劇的《げきてき》やったね!
アダチくん

すらすら
後半《こうはん》でまさかの〇×選手起用《せんしゅきよう》！監督《かんとく》とは反《そ》りの合《あ》わん古参《こさん》で干《ほ》され気味《ぎみ》やったのに…
すらすら
あの局面《きょくめん》で投入《とうにゅう》って監督《かんとく》も実《じつ》は策士《さくし》なのかもしれん！企業経営《きぎょうけいえい》のマネジメントのプロもさっそくブログで触《ふ》れとったで！
へーっ
すげ！
ゲームひとつでもサッカーの試合《しあい》見《み》るだけでも
めっちゃ多角的《たかくてき》に楽《たの》しみ尽《つ》くしてる!!
にま〜〜っ
いいな〜こーゆー感《かん》じ!!
サッカーのサークルにも入《はい》りました
新歓恒例《しんかんこうれい》一発芸大会《いっぱつげいたいかい》ー!!
京大生《きょうだいせい》の一発芸《いっぱつげい》ってどんなだろ？
ワー!!
いくで〜〜〜!!
カチッ
タムラさん 4回生《かいせい》
サッ
ファイ…ヤー！
だ
禁
まさかのチ●毛《げ》ファイヤー!?
え——!?
シ——ン…
くっ
アカン…シーンとしてもーた！
ここで終《お》わる男《おとこ》やないで〜〜!!

フライング・チ●毛《げ》ファイヤーーー!
え――!?
たっ
ズザッ
ギャー!
アカン…たぶん第《だい》5中足骨《ちゅうそっこつ》あたりを…折《お》った!
知識はしっかりしてる京大生(笑)
骨折《こっせつ》!? 救急車《きゅうきゅうしゃ》!
アカン!
「また京大《きょうだい》がアホなケガで救急車《きゅうきゅうしゃ》呼《よ》んだ」って怒《おこ》られる!
新歓の時は特にNGや!
先輩《せんぱい》たち
そうなの!?
京大生《きょうだいせい》って勉強《べんきょう》デキるのにこんなバカやる人《ひと》もいるんだ!!
うぷぷ
ヤバい… 大変《たいへん》な事態《じたい》なのに面白《おもしろ》すぎる…!!

高校《こうこう》になじめなかった長男《ちょうなん》にとって
砂にかかる摩擦係数を計算すると…
適度な大きさの固体にして水をかけて固めて…
作ろーぜ!
すげー砂《すな》の城《しろ》が作《つく》れそう!!
本音《ほんね》で語《かた》り合《あ》い共《とも》に楽《たの》しめる同世代《どうせだい》の仲間《なかま》ができたのは
テーマ「選挙制度」
これがはじめてのようで——
古今東西「三国志」!
曹操!
ハイ!ハイ!
荀彧!
ハイ!ハイ!
夏侯惇!
ハイ!ハイ!
周瑜!
ハイ!ハイ!
伝《つた》え聞《き》く学生生活《がくせいせいかつ》はとても楽《たの》しそうでした
年末《ねんまつ》
ヤッちゃん大学楽《だいがくたの》しそうね!よかった!
すっげー楽《たの》しい!なんの話《はなし》しても広《ひろ》がるし!
みんな知識《ちしき》を総動員《そうどういん》してひとつのことを楽《たの》しみ尽《つ》くす感《かん》じでさ!
次男《じなん》・カズ 18才《さい》
いいなー!
三男《さんなん》・マサ 中《ちゅう》3

※大学入試センター試験は2020年度をもって廃止され、2021年度より大学入学共通テストが実施されている。

必死《ひっし》に勉強《べんきょう》したなら文句《もんく》は言《い》わん！
だけどな！今《いま》のお前《まえ》じゃ…
おれの払《はら》ったセンター試験代《しけんだい》ムダにしたのと同《おな》じだ！
マジメにやれ～!!
すみませんでした！
簡単《かんたん》にあやまるんじゃねえ！
カズ！
マジで京大《きょうだい》すげーいいから！
次《つぎ》の1年《ねん》はがんばろうぜ！
な？
……
決《き》めた!!
宝槻家《ほうつきけ》なんと京都《きょうと》近郊《きんこう》に引《ひ》っ越《こ》しました!!
そしてさらに――!!

引《ひ》っ越《こ》し先《さき》で新《あら》たな塾《じゅく》を開《ひら》いた夫《おっと》は…
サッカーサークルの先輩《せんぱい》タムラさん
ヤスの同級生《どうきゅうせい》カズサくん
自習中。
ヤスの同級生《どうきゅうせい》アダチくん
長男《ちょうなん》の京大《きょうだい》仲間《なかま》を講師《こうし》に引《ひ》き入《い》れました!!
うん カズくんは勉強《べんきょう》の楽《たの》しさを知《し》ってる人《ひと》やね
…好《す》きな勉強《べんきょう》…は好《す》きです
入試《にゅうし》さえクリアしたらもっと
好《す》きな勉強《べんきょう》できるよ!
おれ…
次《つぎ》の受験《じゅけん》は…がんばります!!
ヤッちゃんが楽《たの》しそうなわけわかった!
フッ
「百聞《ひゃくぶん》は一見《いっけん》に如《し》かず」だろ? カズ!
オヤジの鉄則《てっそく》
よき先輩《せんぱい》の姿《すがた》がやる気《き》に火《ひ》をつける!!

ヒント16へGO!

まったくやる気《き》を 示《しめ》さないまま 京大受験《きょうだいじゅけん》1浪目《ろうめ》に 突入《とつにゅう》した次男《じなん》…
受験勉強《じゅけんべんきょう》 全然《ぜんぜん》やんなかった しなー ハハハ!
京大《きょうだい》にストレートで 合格《ごうかく》した長男《ちょうなん》に比《くら》べ ボーッとしすぎ にも見《み》えますが…
宝槻家《ほうつきけ》・長男《ちょうなん》 ヤス 20才《さい》 高校中退後《こうこうちゅうたいご》 大検《だいけん》をとり 京大《きょうだい》を1発合格《ぱつごうかく》し 2回生《かいせい》
次男《じなん》・カズ 19才《さい》 中学卒業後《ちゅうがくそつぎょうご》 大検《だいけん》をとるも のほほんと1浪中《ろうちゅう》
こうなるまでに 次男《じなん》にも 葛藤《かっとう》がありました
長男《ちょうなん》が高《こう》1で中退《ちゅうたい》 → 夫《おっと》が支援《しえん》
いいぞ! 高校行かずに 京大へ行け!
オヤジ
次男《じなん》 高校受験時《こうこうじゅけんじ》
お前《まえ》も 高校《こうこう》行かんで いいだろ!
え!? 友達《ともだち》もいるし 行《い》きたいよ!
家族《かぞく》で2か月《げつ》 海外旅行《かいがいりょこう》行《い》く!!
高校受験の時期に!
どーする!?
結局《けっきょく》 旅行《りょこう》を選《えら》んだ おれもおれだけど…
「京大《きょうだい》 3兄弟《きょうだい》」!
ゴロが いいだろ!
カズも京大《きょうだい》 行《い》け~!!
おれも 京大行《きょうだいい》くことに なってる
ま いいけど
三男《さんなん》・マサ 16才《さい》 かなり天才《てんさい》
ヒント16
「いい仲間《なかま》」を 巻《ま》き込《こ》む

カズのやる気に火をつけようと京都近郊へ…

宝槻家《ほうつきけ》新居《しんきょ》
まずはセンター突破《とっぱ》だ！

まあ自分《じぶん》の将来《しょうらい》のために勉強《べんきょう》したほうがいいんだよな…

前回《ぜんかい》センターで足切《あしき》りされました
お前《まえ》のセンター試験《しけん》の結果《けっか》…

平均点《へいきんてん》を上回《うわまわ》っていた！

あれだけ勉強《べんきょう》しなかったのに平均《へいきん》以上《いじょう》!!

底力《そこぢから》はあるんだ!!

「とにかく暗記《あんき》」！「基礎《きそ》から理解《りかい》させる勉強法《べんきょうほう》」を軸《じく》とする夫《おっと》の主義《しゅぎ》と矛盾《むじゅん》しているように見《み》えて…

センターには高校《こうこう》3年間《ねんかん》の教科書《きょうかしょ》の内容《ないよう》以上《いじょう》の問題《もんだい》は出《で》ない！

教科書《きょうかしょ》を全部《ぜんぶ》丸暗記《まるあんき》しろ!!

オヤジの鉄則《てっそく》
参考書《さんこうしょ》より教科書《きょうかしょ》を優先《ゆうせん》!!

オヤジの経営《けいえい》する塾《じゅく》
教科書《きょうかしょ》の内容《ないよう》は「基礎的《きそてき》な知識《ちしき》」だ
これが頭《あたま》に入《はい》ってなければ何《なに》も解《と》けん！

体系的《たいけいてき》に丸暗記《まるあんき》しろ!!

ここで覚《おぼ》えた知識《ちしき》はどんな時《とき》にも使《つか》えるんだ
受験《じゅけん》だけでなく社会《しゃかい》に出《で》た後《あと》もだ！

避《さ》けては通《とお》れん最初《さいしょ》の壁《かべ》だ〜！

夫推奨《おっとすいしょう》の「丸暗記《まるあんき》」とは…
まずはこの1ページを丸暗記《まるあんき》!
ブツブツ
①短期《たんき》で覚《おぼ》えられる量《りょう》をまずは暗記《あんき》
1週間後。
今日《きょう》からこっちの章《しょう》の暗記《あんき》だ!
昨日《きのう》までに暗記《あんき》した1章《しょう》をそらんじてみろ
②要所要所《ようしょようしょ》で過去《かこ》の「短期記憶《たんききおく》」をひき出《だ》す
③結果《けっか》それが「長期記憶《ちょうききおく》」として定着《ていちゃく》する!!
ただ暗記《あんき》するだけの作業《さぎょう》は苦痛《くつう》か!?
いや!
これまでおれはお前《まえ》たちに歴史的《れきしてき》な事件《じけん》や偉人《いじん》たち
数学《すうがく》や物理《ぶつり》
科学《かがく》の公式《こうしき》に至《いた》るまで
その背後《はいご》にあるワクワクするようなストーリーを教《おし》えたはずだ!
それを思《おも》い出《だ》しながら覚《おぼ》えていけ!!
丸暗記《まるあんき》はこれまで学《まな》んだストーリーの総決算《そうけっさん》だ!!
オヤジの鉄則《てつそく》
教科書《きょうかしょ》は背後《はいご》にあるストーリーを思《おも》い返《かえ》せば丸暗記《まるあんき》しやすい!!
カズくん
がんばってるわね!
母《はは》 しおん
受験《じゅけん》に必要《ひつよう》なのはいい指導者《しどうしゃ》に加《くわ》えて…

いい仲間《なかま》!!
どこまでいった?
おれここ!
現役受験《げんえきじゅけん》の高校生《こうこうせい》たち
「生物」は制覇した!
おれは?…
おれもがんばんなきゃ!
実《じつ》は学校生活《がっこうせいかつ》に憧《あこが》れていた次男《じなん》にとって塾仲間《じゅくなかま》の存在《そんざい》は大《おお》きく…
先輩《せんぱい》の魅力《みりょく》も
次男《じなん》をかきたてました
アダチくん
長男《ちょうなん》の京大仲間《きょうだいなかま》
が
次男《じなん》
京大受験《きょうだいじゅけん》2年目《ねんめ》も
センター試験《しけん》で
足切《あしき》り…
センター試験の結果
なんで去年《きょねん》より点数悪《てんすうわる》いんだ…
去年《きょねん》は全部《ぜんぶ》マークシートのあてずっぽうでさ…
選択肢の傾向から「絶対ない」をはずして「アタリっぽい」2つにしぼって適当に残した
今年《ことし》は勉強《べんきょう》した分《ぶん》ひっかけ問題《もんだい》にがっつりひっかかった気《き》がする
なぜそんなにあっけらかんと〜〜〜!?

※当時《とうじ》の経済学部《けいざいがくぶ》の場合《ばあい》。平成《へいせい》28年度《ねんど》から、論文入試《ろんぶんにゅうし》は廃止《はいし》。

センター試験《しけん》
京大試験《きょうだいしけん》
それぞれ的《まと》を絞《しぼ》った
受験勉強《じゅけんべんきょう》を
みっちりやり
次男《じなん》
3回目《かいめ》の受験《じゅけん》が
やってきました
――――!!
センター試験《しけん》を
順調《じゅんちょう》に通《とお》り
京大《きょうだい》での入試《にゅうし》も
やりきった! って感《かん》じ!!
おれも! 入学《にゅうがく》したら サークル どこ入《はい》る?
塾《じゅく》の仲間《なかま》
京大合格発表当日《きょうだいごうかくはっぴょうとうじつ》
あったー!
あったよ! おれ!
カズく…
……
落《お》ちた…

すべての力《ちから》を
出《だ》しきった！
って思《おも》ったのに…
落《お》ちた…
次男《じなん》の落《お》ち込《こ》みは
激《はげ》しく
次《つぎ》の受験《じゅけん》の
意欲《いよく》も
持《も》てぬまま
数《すう》か月《げつ》が
過《す》ぎました――
あ
カズくん！
おれ
ラーメン屋《や》の
修業《しゅぎょう》でも
しようかな…
ララーメン!?
なぜに!!
もぐ
もぐ
こしょ
こしょ
おい！
メシ
終《お》わったら
温泉《おんせん》行《い》くぞ！
は!?
ラーメン屋《や》の
チェーンやってる
友達《ともだち》に
声《こえ》かけて
やっても
いいぞ？
え？
ああ…
うん
マサに
聞いたのか
本気《ほんき》で
やりたいって
ことなら！
の話《はなし》だ
……
ラーメン屋《や》
なめてんじゃ
ねえよな？

修業中《しゅぎょうちゅう》は時給《じきゅう》だぞ！
自分《じぶん》の店《みせ》の開店資金作《かいてんしきんづく》り どう貯《た》める？ 銀行《ぎんこう》も貸《か》してくれねぇぞ！
くるっ
甘《あま》いことばっか言《い》ってるんじゃねぇ〜〜〜!!
オヤジ！運転《うんてん》!!
前《まえ》！
中卒《ちゅうそつ》で受験《じゅけん》から逃《に》げたヤツが大成《たいせい》できるか〜〜〜!!
ドガッ
運転中《うんてんちゅう》〜〜〜〜!!
バカヤロー!!
人生《じんせい》なめるな！
ドガッ
逃《に》げんな！
ドガ！
いて！
やめろ
ハンドル握《にぎ》ってるヤツ攻撃《こうげき》できねえ〜〜〜!!
受験《じゅけん》やめんのか!!
クソ!!
受験《じゅけん》する！京大受《きょうだいう》かってみせる！
だから…
まともに運転《うんてん》しろ〜〜〜〜〜!!
ぴた。
おし♪ わかった！
言《い》ってしまった〜〜〜〜!!
ハーッ ハーッ
一度口《いちどくち》にしたことは遂行《すいこう》する性格《せいかく》

↖ヒント17へGO!

夫《おっと》のショック療法《りょうほう》で3浪《ろう》の痛手《いたで》を脱《だっ》した？次男《じなん》…
宝槻家《ほうつきけ》・次男《じなん》カズ 京大受験《きょうだいじゅけん》3浪目《ろうめ》突入中《とつにゅうちゅう》
あの後《あと》日帰《ひがえ》り温泉《おんせん》に行《い》きました
カズ…3兄弟《きょうだい》の中《なか》でお前《まえ》が一番《いちばん》かわいい
お前《まえ》の頑固《がんこ》さはおれに似《に》てる…
おれが一番《いちばん》!?
デキのいいマサより!?
「オヤジ大好《だいす》き」のアニキより!?
じーん…
おれ…がんばるー!!
後日《ごじつ》
あ！
それ おれも「一番《いちばん》」って言《い》われたことある
落ちこんでた時！
長男《ちょうなん》・ヤス 京大《きょうだい》4回生《かいせい》
おれも！
個別《こべつ》に言《い》って手懐《てなず》けるあたりがうちのオヤジだよね〜
三男《さんなん》・マサ 18才《さい》
ぐっそ〜〜〜!!
3人《にん》ともかわいいのよ！ 世界一《せかいいち》親《おや》にとっては
母・しおん
オヤジの鉄則《てっそく》
親《おや》の愛《あい》が子《こ》どもの危機《きき》を救《すく》う!!
ヒント17
模試《もし》の結果《けっか》より気持《きも》ちが大事《だいじ》

こうして次男《じなん》の 4度目《どめ》の受験生活《じゅけんせいかつ》が スタートしました
今年《ことし》 受験《じゅけん》する者《もの》は
先日《せんじつ》の模試《もし》の 結果《けっか》が出《で》たわけ だが…
プラトン学園
模試
京都大学 B
「B判定《ビーはんてい》」… 京大合格率《きょうだいごうかくりつ》60%《パーセント》 か…
模試《もし》の結果《けっか》は まったく気《き》にするな!
模試で A判定でも 実際の入試に 合格する わけじゃねえ!
模試《もし》を受《う》けるのは 試験会場《しけんかいじょう》の雰囲気《ふんいき》や 制限時間《せいげんじかん》の感覚《かんかく》に なれるためだ!
模試《もし》と 各大学《かくだいがく》の 出題《しゅつだい》の傾向《けいこう》には ズレがある
模試《もし》で高得点《こうとくてん》を 出《だ》したところで 「受《う》ける大学《だいがく》の意図《いと》する 入試問題《にゅうしもんだい》」を解《と》く力《ちから》が あるって証明《しょうめい》にはならん
模試《もし》の結果《けっか》を見《み》て 慢心《まんしん》したり 落《お》ち込《こ》んだりするのは ナンセンスだ!!
オヤジの鉄則《てっそく》
模試《もし》の合格判定《ごうかくはんてい》を アテにするな!!
模試《もし》の結果《けっか》で 狙《ねら》う大学《だいがく》の ランクを決《き》めるのも ナンセンス!
おれは基礎《きそ》を みっちり やらせた後《あと》
お前《まえ》たちの 「行《い》きたい大学《だいがく》」に 合《あ》った勉強《べんきょう》を 指導《しどう》してきた!
自信《じしん》を持《も》て!
オヤジの鉄則《てっそく》
模試《もし》の結果《けっか》で 狙《ねら》う学校《がっこう》を選《えら》ぶな!! 「行《い》きたい学校《がっこう》」に 合《あ》った勉強《べんきょう》を!

オヤジの言《い》うことは わかるけど…
がんばってね！
うん
正直《しょうじき》 自信《じしん》が持《も》てない…
京都
KYOTO U
前《まえ》の受験《じゅけん》の時《とき》も おれは「やりきった」って 思《おも》ってた…
今回《こんかい》 あの時《とき》より 伸《の》びてるのか 自分《じぶん》でもわからない…
受験《じゅけん》の後《あと》も 次男《じなん》の不安《ふあん》は続《つづ》きました
どうだった？
手《て》ごたえは あった
でも それは 去年《きょねん》と 同《おな》じだよ
そ そうか
うう〜ん…
そして 合格発表当日《ごうかくはっぴょうとうじつ》…

あ
去年《きょねん》1人《ひとり》だけ
受《う》かった 塾仲間《じゅくなかま》
カズくん…!!
親戚《しんせき》
指導《しどう》した京大生《きょうだいせい》たち

ご…合格《ごうかく》 おめでとう…!!
え?・ あ… ありがとう
よくやったな!
オヤジが泣くとこ はじめて見《み》た…!!
合格祝《ごうかくいわ》いは 高級料亭《こうきゅうりょうてい》で 思《おも》いきり 盛大《せいだい》に行《おこな》われ ました――
さて これにて 夫《おっと》の
「京大《きょうだい》 3兄弟《きょうだい》」!
計画《けいかく》の 2/3が完成《かんせい》 しました!
残《のこ》るはこの子《こ》 三男《さんなん》・マサのみ!
なにげに おれも今年《ことし》 受験《じゅけん》のできる年《とし》 だったん だけど…
←18才

※春《はる》の美《うつく》しい景色《けしき》の形容《けいよう》。

※一《いち》から組《く》み立《た》てたパソコン。

受《う》かってた!!
ん? 今日《きょう》合格発表《ごうかくはっぴょう》か!
う!!
よかったわね~!今日《きょう》お刺身《さしみ》よ!
買《か》っといてよかったわ~
スーパーの刺身《さしみ》って!!
ヤッちゃんの合格祝《ごうかくいわ》いはレストランだし
カズくんなんか高級料亭《こうきゅうりょうてい》だったよ!?
おれなりに受験《じゅけん》がんばったんだけどー!?
おまえが一番《いちばん》かわいい!
それただのネタだろ
合格祝《ごうかくいわ》いだけじゃない!
服《ふく》だっていつもお下《さ》がりだったし…
ヘンなアップリケ!
赤《あか》ちゃんの時《とき》の写真《しゃしん》だっておれだけ少《すく》ないし
カズ
ヤス
マサ
ブルブル
その上《うえ》…
このマンガでもおれの合格秘話《ごうかくひわ》がたったの3ページ~~~!?
ごめんなさい——マンガ家《か》より
お刺身もパックのまま
早くしろよ

解説　オヤジ独自の学習メソッドで受験に勝つ②

ここまでが、「京大3兄弟」が何とか成立したところまでの、宝槻家の物語です。漫画なので誇張しているんじゃないか、と思われるかもしれませんが、その反対です。オヤジは、漫画では描ききれないほどパワフルで（しかも身勝手で）、あらゆるものをなぎ倒さん勢いで前進していきました。3兄弟とも、オヤジに巻き込まれた、といった方が、正確かもしれません。ですが、「パワフルだった」で終わっては、読者のみなさんが家庭教育に取り入れることができませんので、そのメソッドだけを抜き出してみます。

1．遊びの中で「集中力」を養う

2. 細かい知識より「興味を持つ」ことを最優先
3. 「すぐに覚える（短期記憶）」を遊びの中に取り入れる
4. わくわくの「ストーリー」で知識を身につける
5. 「言語力」を磨いて、考える力をアップさせる

宝槻家メソッドは、この5箇条になります。中身を見ていきましょう。

受験において何よりも大切なのは「集中力」です。「机の前に何時間、集中して座っていられるか」が、合否を決定します。では、どうしたら集中力が養われるのでしょうか？ それが「遊び」です。「好きなことに熱中する」という体験を持っている子どもは、言い換えれば「集中力」を持っている、ということです。だったら、いろんなことを好きなだけとことんやらせてあげればいい。漫画でも釣りでもいいんです。こうした熱中体験が、集中力を育むのです。

「うちの子は、あんなにゲームに熱中しているのに……」と嘆いているかたもいるかもしれません。ゲームでも、本当に熱中しているならOKです（私は、ゲームの『信長の野望』や『三國志』で歴史が好きになりました）。ですが、多くの子どもは、「熱中することがない」から、ゲームやスマホで時間を埋めているだけです。「遊ばないで勉強しろ！」と言い続けた結果が、「好きなこと」を見つけられずにいるのかもしれません。いまからでも遅くはありません。熱

中すること。まずはここからです。

方程式は、遊び=勉強

勉強と遊びは、実は同義です。勉強は勉強、遊びは遊びと線を引いてしまうことで、子どもは窮屈になっていきます。「楽しむこと」「好奇心を持つこと」が大切ならば、遊び=勉強になりますよね？

人はなぜ遊ぶかといえば、そこに興味を持つからです。勉強も同じです。勉強をしたくなるかどうかは、興味にかかっています。

宝槻家で映画や漫画が活躍したのは、そこに関係してきます。オヤジが、こうしたメディアを利用したのは、子どもに「興味」を持ってもらうためでした。興味さえあれば、子どもは、自分から進んで調べ始めます。そのうちに、周辺の知識も身についてくる。

漫画やテレビを利用すれば、学力が上がる、ということではありません。勉強に役立つか、役立たないか、ということでもありません。大事なのは、「興味を持つこと」なんです。その入り口として、漫画やテレビは優れている、ということです。

興味が先で、知識はあとから。この順番を間違えると、ただ「知識を覚える」だけになってしまう。これでは、楽しめませんし、記憶も定着しません。

興味を持つと、知識も遊びのひとつになります。

宝槻家は、短期記憶を競う遊びに溢れていました。ドライブ中に歴史クイズで競ってみたり。ことわざクイズや四字熟語クイズも、何かのたびにやっていました。パッと覚えて、パッと遊ぶ。これです。

「興味」についてもう少し掘り下げると、子どもが興味を持つのは、「面白いストーリー」です。

例えば、江戸時代を学ぶとしましょう。徳川十五代将軍の名前を覚えたとして、それは楽しいですか？　それよりも、家康のストーリー、秀忠、家光……と人間ドラマを追っていった方が、はるかに楽しいですよね？（私たち兄弟は、ＮＨＫの大河ドラマをさんざん見ました）

歴史だけでなく、サイエンスや数学もそうです。そこには必ず発見の歴史や、驚きのストーリーがあります。ドリルばかりやっていても、身にはつきにくいのです。

実際、大学受験でもこの方法は有用でした。私や次男のカズは、センター試験（現在の共通テスト）で「倫理」を選択したのですが、その時に真っ先に手に取ったのは、『ソフィーの世界』でした。

これは、ノルウェーの高校の哲学教師によって書かれたファンタジー小説で、世界中でベストセラーになりました。主人公が旅に出て、さまざまな哲学者に会って学びを深めていくという内容で、これが非常に面白い。哲学ガイドの役割も持っているので、ストーリーを楽しみながら、倫理が学べました。

「言葉」でものを考える

宝槻家では、夕飯時にはオヤジの歴史講座が始まりましたし、キャンプでは焚《た》き火を囲みながら、哲学者や科学者の挑戦や苦闘を語らいました。「言語」を浴び続ける日常でした。

この「言語」の量は、非常にプラスになりました。

言葉はコミュニケーションの手段ですし、試験問題を解くのも言葉、試験の問題文も言葉で書かれています。世の中は「言葉」で組み立てられているんですね。つまり、この世界について考えるということは「言語」を使う、ということです。言語は「思考の道具」という言い方をしてもいいかもしれません。

本を読んだり(あるいは漫画を読んだり)して、いろいろな「言語」を吸収していくことは、「考える」ことにつながっていたのです。

ではどうやったら身についていくのでしょうか。

それが、漫画でも紹介した「音読・暗唱法」であり、「名文・書き写し法」です。口や手といった身体を駆使しながら、どんどん自分の中に素晴らしい言葉を放りこんでいく。これによって驚くほど語彙力や文章力があがり、そのことによって思考も深まっていきました。

考えてもみてください。「かわいい」「やばい」「いいね」だけしか言葉がなければ、ものを考えることはできません。たくさんの言葉を持つことによって、「自分の考え」も形成できるのです。

オヤジはよく、「先生が言っているから正しいとは限らない」と口にしました。「先生に反抗しろ」と焚きつけているわけではありません。「先生が言ったから」と思考停止してしまうことを諫《いさ》めているのです。

「自分のアタマで考えて決断する」ということが、人生を楽しく生きるために、何より大切なのですから。

（前列右から）オヤジこと父の徹さんと母・しおんさんと
元日に京都の自宅で。（後列右から）長男と次男は大学生、
三男は京大の入試を目前に控えていた

2か月間の欧米旅行で、イタリア・ローマのコロッセオにて
（左から次男、長男、三男）

おわりに──子どもに探究心を！

漫画を読んでお気づきのかたもいると思いますが、オヤジの中に、「子どもの能力を伸ばす」という発想はありません。能力は「伸ばす」のではなく、好奇心や自発性さえあれば、勝手に「伸びていく」のです。

親は、「子どもの能力を伸ばさなければ」と過剰に思いがちです。「伸びてほしい」と思うのも親の常です。しかし、そこにこだわってしまうと、どうしても「勉強しろ！」とか、習い事をしているなら「練習しろ！」という、上からの強制につながってしまいます。これでは、子どもの中の「自ら進んで学ぶ」という気持ちは芽生えません。それどころか、「何も考えない子ども」にしてしまいます。何も考えずに誰かの指示を待って行動する人生は、楽しくないですよね？　子どもの幸せを切に願うなら、「自分で考える子ども」になってほしいと思っているはずです。

私たち、兄弟が3人とも感謝しているのは、オヤジから「人生の楽しみ方」を教わったということです。「世界の愛し方」と言っていいかもしれません。

京大に合格したのは結果論に過ぎず、それは本当のゴールではありません。学ぶということがどんなに素晴らしいことか。世界はどれほど面白さに満ちているか。そういうことを、一緒に体験・共有することで教えてくれました。

失敗だらけの子育て

ただ、ひとつ断っておきたいのは、この漫画にはあまり描かれていない、「失敗」もたくさんあったということです。「成功体験ばかり」と思われるかもしれませんが、けっしてそんなことはありません。

3兄弟が小学生の頃、家に巨大な望遠鏡が届きました。反射レンズを用いた高性能の望遠鏡で、いまだったら喜んで覗くでしょう。ですがこの時は、何の動機付けもありませんでした。タイミング良く差し出されなかったんですね。

例えば、『NHKスペシャル』で宇宙特集を見た後とか、映画『アポロ13』で感動した直後に望遠鏡を差し出されたら、違った結果だったかもしれません。この時は、使い方もわからず、天体への興味もなく、結局、数回覗いただけで、家のどこかにしまわれて、埃《ほこり》をかぶるだけになってしまいました。

こうした「狙い」はあるけれども、壮大に外してしまったものが、実はたくさんあるのです。

きっとオヤジの中でも試行錯誤があったのでしょう。失敗を重ねていくうちに、タイミングの重要性に気づき、機を逃さず、本や体験を与えることができるようになったのかもしれません。

センス・オブ・ワンダー

レイチェル・カーソンという環境問題にも取り組んだ海洋生物学者がいます。『沈黙の春』で有名ですね。

彼女は、こんな言葉を残しています。

《センス・オブ・ワンダー（sense of wonder)》

「センス」は、感覚とか、感じ、心持ちということです。「ワンダー」は、不思議や感嘆のこと。

レイチェル・カーソンの言葉としてオヤジから教わりました。オヤジは「センス・オブ・ワンダー」を、「知的好奇心」や「探究心」という意味で使っていましたが、これは宝槻家の行動指針にもなっていました。

《もし、あなた自身は自然への知識をほんのすこししかもっていないと感じていたとしても、親として、たくさんのことを子どもにしてやることができます。

たとえば、子どもといっしょに空を見あげてみましょう。そこには夜明けや黄昏の美しさが

あり、流れる雲、夜空にまたたく星があります》（レイチェル・カーソン／著、上遠恵子／訳『センス・オブ・ワンダー』新潮社）

子どもと一緒に空を見あげてください。感動と体験を共有してあげてください。ここからすべてが始まります。

宝槻泰伸

2023年6月

亡き母に捧ぐ　泰伸・和政・昌則

宝槻泰伸／ほうつき・やすのぶ

幼少期から「探究心に火がつけば子どもは自ら学び始める」がモットーの型破りなオヤジの教育を受ける。高校を中退し、京都大学経済学部に進学。次男、三男も続き、「京大３兄弟」となる。現在、子どもたちが驚き感動する、世界でたった１つの授業を行う学び舎『探究学舎』を設立。５児の父。

小出真朱／こいで・まみ

前職は放送作家。複数のペンネームを用いて漫画、イラスト、脚本、構成台本、コラムなどを手がける。１児の母。

京大３兄弟が家庭でやっていた！

遊んで見つける学びの革命

2023年７月３日　初版第１刷発行

著　者　宝槻泰伸
まんが　小出真朱
発行人　川島雅史
発行所　株式会社小学館
〒101-8001 東京都千代田区一ツ橋2-3-1
編集　03-3230-5585
販売　03-5281-3555
印刷所　大日本印刷株式会社
製本所　株式会社若林製本工場

装丁　鹿島一寛
ＤＴＰ　ためのり企画
株式会社昭和ブライト
企画編集　角山祥道
編集協力　伏見友里
勅使河原桜
校正　牧 智美
撮影　五十嵐美弥
販売　中山智子
宣伝　内山雄太
制作　尾崎弘樹
資材　斉藤陽子
編集　堀米 紫

Printed in Japan　ISBN978-4-09-389125-7